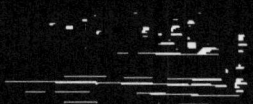

INTRODUCTION
A LA
GÉOGRAPHIE GÉNÉRALE
ET SPÉCIALEMENT A LA GÉOGRAPHIE
DE
L'EUROPE ET DE LA FRANCE,

suivie

D'un Questionnaire et accompagnée de deux Cartes.

Destinée aux Enfants du premier age

ET AUX ÉCOLES PRIMAIRES.

PAR TH. SOULICE.

OUVRAGE AUTORISÉ PAR L'UNIVERSITÉ.

Septième Édition revue.

PARIS
LIBRAIRIE ECCLÉSIASTIQUE, CLASSIQUE, ÉLÉMENTAIRE
DE ÉDOUARD TETU ET Cie,
Rue Jean-Jacques Rousseau, n. 3.

1842

On trouve à la même Librairie :

LA GRAMMAIRE DE L'ACADÉMIE, ou Principes de Grammaire française, fidèlement extraits du *Dictionnaire de l'Académie*; par M. LAMOTTE, Inspecteur de l'instruction primaire, et M. BESCHERELLE aîné, de la Bibliothèque du Louvre. 1 vol. in-12. Prix, cart. 1 fr. 25 c.

COURS GRADUÉ DE DESSIN LINÉAIRE, professé à l'Ecole Communale Supérieure de Paris, composé d'un cahier de 18 planches demi-jésus gravées sur acier, et d'un Manuel de 5 feuilles in-8, par M. D'HERBECOURT. Prix, broché. 2 fr. 25 c.

LA MYTHOLOGIE COMPLÈTE EXPLIQUÉE PAR L'HISTOIRE, avec un Précis des autres faux cultes chez les anciens peuples, avant et après Jésus-Christ, etc. 2e *édition*, augmentée d'un Questionnaire, etc.; par l'abbé TH. GOURIO. 1 vol in-12. Prix, broché. 1 fr. 50 c.

LECTURES MANUSCRITES instructives et amusantes, à l'usage des enfants, tirées des considérations sur les OEuvres de Dieu, de C. C. STURM. *Ouvrage autorisé par l'Université.* Edition illustrée, ornée d'un grand nombre de jolies gravures. 1 vol. in-12. Prix, cart. 1 fr. 25 c.

RÉCRÉATIONS, ou Histoires véritables à la portée des petits enfants, imitées de l'anglais. *Ouvrage autorisé par l'Université.* 1 vol. in-18. Prix, cart. 40 c.

Tout exemplaire non revêtu de notre griffe sera réputé contrefait.

Paris, imprimerie d'Amédée Saintin, rue Saint-Jacques, 38.

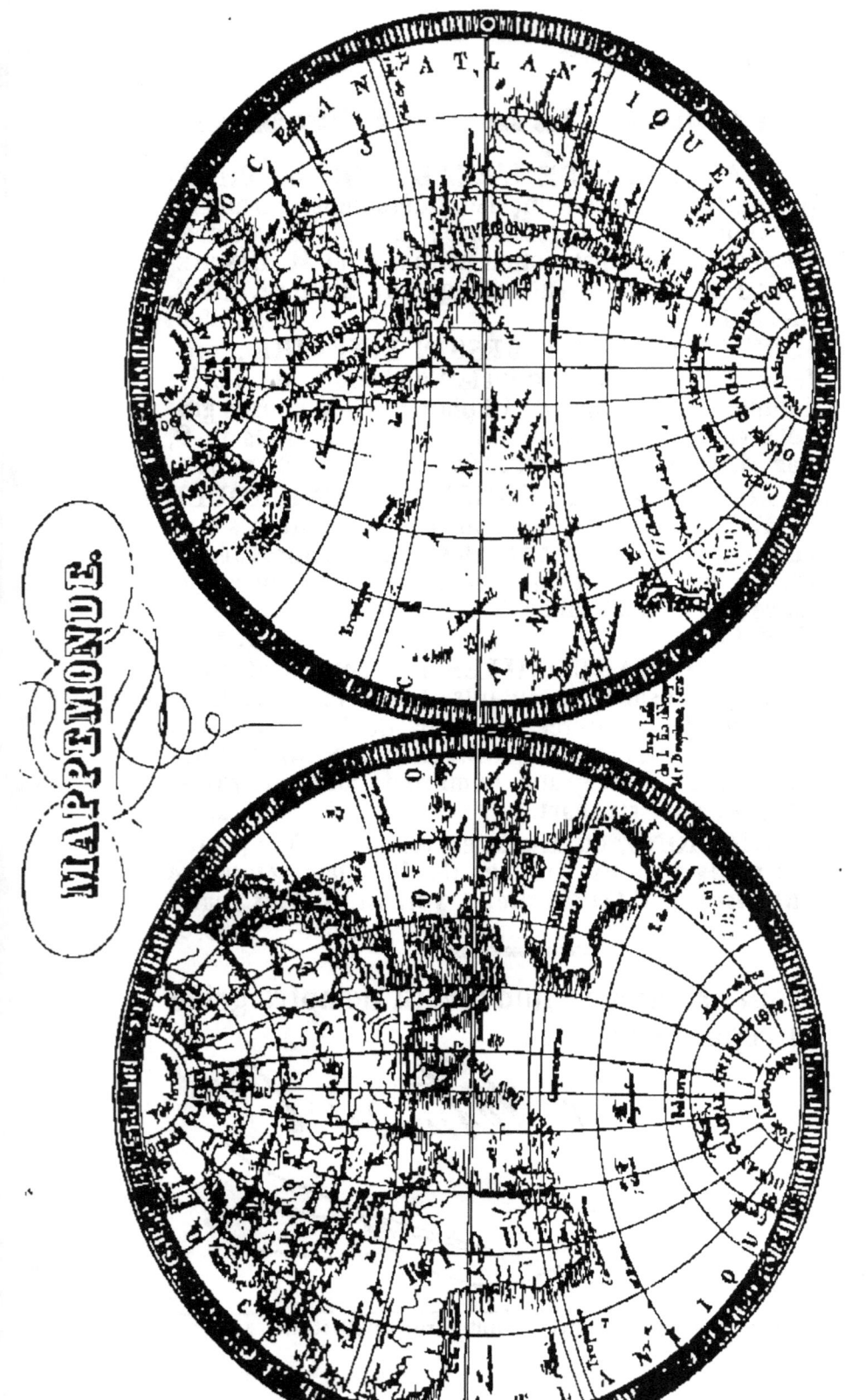

INTRODUCTION
A LA
GÉOGRAPHIE GÉNÉRALE.

CHAPITRE PRÉLIMINAIRE.

1. La géographie a pour objet la description de la terre; elle se divise en trois branches principales, qu'on appelle *géographie astronomique* ou *mathématique, naturelle* ou *physique,* et *historique* ou *politique.*

2. La première considère les rapports de la terre avec le reste de l'univers; la seconde s'occupe des productions naturelles, et la troisième traite du gouvernement, de la puissance, des coutumes, des mœurs des différents peuples de la terre.

3. La géographie historique se subdivise en *géographie ancienne* et *géographie moderne.* L'une a pour objet la description de la terre, telle qu'elle était connue des an-

15. Un *isthme* est la portion de terre qui joint une presqu'île au continent.

16. Les *côtes* sont les parties des terres qui bordent la mer.

17. Un *cap* ou *promontoire* est une portion de terre qui s'avance dans la mer.

18. Une *montagne* est une éminence de terre fort exhaussée au-dessus du terrain qui l'environne ; une *colline* est une montagne qui a peu d'élévation.

19. Un *volcan* est une montagne creuse qui vomit des flammes, des laves brûlantes, des cendres liquides, etc.

De l'Eau.

20. Les eaux occupent plus des deux tiers de la surface du globe. On les distingue en *mers extérieures* et en *mers intérieures*, ou *méditerranées*.

21. Les *mers extérieures* sont au nombre de quatre, savoir : la *mer Glaciale*, qui baigne les côtes septentrionales de l'Europe, de l'Asie et de l'Amérique (elle sépare l'ancien et le nouveau continent du côté du nord); la *Grande mer*, qui s'étend du

nord au sud, entre l'Asie et l'Amérique (la partie de cette mer qui avoisine les côtes orientales de l'Asie se nomme *mer Orientale*, tandis que la partie la plus rapprochée des côtes occidentales de l'Amérique prend le nom de *mer du Sud*, ou *mer Pacifique*); la *mer des Indes*, qui baigne les côtes méridionales de l'Asie et les côtes orientales de l'Afrique; l'*Océan*, qui s'étend du nord au sud, le long de l'Europe et de l'Afrique du côté de l'orient, et le long de l'Amérique du côté de l'occident. La partie septentrionale s'appelle *mer du Nord*, et la partie méridionale prend le nom d'*océan Atlantique* ou *Occidental*. On passe de celui-ci dans la mer du Sud par le détroit de Magellan.

22. Les *mers intérieures* appartiennent à l'Europe, à l'Asie et à l'Amérique. Nous les ferons connaître quand nous nous occuperons de ces parties du monde.

23. Un *golfe* est une portion de mer qui s'avance dans les terres. Le golfe est plus grand que la *baie*, la *baie* est plus grande que l'*anse*, et l'*anse* plus grande que le *port*.

24. Une *rade* est une côte où les vaisseaux sont à l'abri du vent.

25. Un *détroit*, ou un *pas*, est un bras de mer entre deux terres peu éloignées, et qui établit une communication entre deux mers.

26. Le *lac* est un amas d'eau vive qui communique à la mer par quelque rivière, ou par quelques canaux souterrains. Le lac diffère du *marais* en ce que celui-ci est plus petit, qu'il n'a point de communication avec la mer, et qu'il peut se dessécher.

27. Le *fleuve* est une rivière qui conserve son nom jusqu'à la mer.

28. La *rivière* est un courant d'eau douce, qui se réunit à un fleuve avant d'arriver à la mer.

29. Le *torrent* est une eau courant avec force, formée par les pluies ou la fonte des neiges.

30. Les *gouffres* sont des tourbillons d'eau causés par des cavités où l'eau paraît se précipiter.

CHAPITRE II.

Ancien Continent.

L'Europe.

31. L'Europe est bornée, au *nord*, par la mer Glaciale ; au *sud*, par la Méditerranée, qui la sépare de l'Afrique; à l'*est*, par la mer Caspienne, le fleuve Oural et les monts Ourals, qui la séparent de l'Asie ; au *sud-est*, par l'Archipel, le détroit des Dardanelles, la mer de Marmara, le détroit de Constantinople, la mer Noire et le Caucase, qui la séparent également de l'Asie.

32. Elle est la plus petite des cinq parties du monde, mais elle est la plus peuplée, proportionnellement à son étendue; on y compte 227,700,000 habitants. Sa longueur, du sud-ouest au nord-est, est d'environ 520 myriamètres, et sa largeur de 360.

Mers de l'Europe.

33. Les mers de l'Europe sont : 1° La *mer Glaciale*, partie de l'Océan comprise entre le

cercle polaire arctique et le pôle, laquelle baigne la Russie et la Norwége ; 2° l'*océan Atlantique*, qui sépare l'Europe et l'Afrique de l'Amérique, et qui baigne la Norwége, les Iles Britanniques, la France, l'Espagne et le Portugal; 3° la *Méditerranée*, qui baigne l'Espagne, la France, l'Italie, la Grèce, et une partie de l'Asie et de l'Afrique ; 4° la *mer Baltique*, qui baigne la Suède, la Russie, la Prusse, l'Allemagne et le Danemarck (elle communique avec l'océan Atlantique par le Sund et les détroits du grand et du petit Belt); la *mer d'Allemagne*, qui baigne la Norwége, le Danemarck, l'Allemagne, la France et les Iles Britanniques (elle prend le nom de *mer du Nord* près du Jutland); 6° la *mer d'Irlande*, qui sépare l'Angleterre et l'Écosse de l'Irlande ; 7° *la Manche*, entre l'Angleterre et la France (1); 8° la *mer Adriatique*, qui baigne l'Italie, l'Autriche et la Turquie; 9° la *mer Ionienne*, qui baigne

---

(1) C'est une partie de l'océan Atlantique qui se trouve resserrée entre ces deux pays; elle porte le nom de MANCHE à peu près depuis l'embouchure de la Somme jusqu'à Brest.

la côte occidentale de la Morée et une partie des côtes de l'Italie ; 10° l'*Archipel*, ou *mer Egée*, qui baigne la Grèce, la Turquie et l'Asie ; 11° la *mer de Marmara*, anciennement nommé la *Propontide*, qui baigne la Turquie et l'Asie, et communique avec la mer Noire par le canal de Constantinople, et avec l'Archipel par les Dardanelles ; 12° la *mer Noire*, autrefois le *Pont-Euxin*, entre la Turquie d'Europe, l'Anatolie, le Caucase et la Russie (elle reçoit les eaux de près de quarante fleuves, parmi lesquels on distingue le Danube, le Dniester, le Borysthène et le Don) ; 13° la *mer d'Azof*, autrefois *Palus-Méotides*, qui baigne la Russie, et communique à la mer Noire par le détroit de Caffa.

CHAPITRE III.

Golfes, Baies et Détroits remarquables dans les Mers d'Europe.

34. *Golfes formés par la mer Baltique* : le golfe de *Bothnie*, qui baigne la Suède, la

Laponie et la Finlande ; le golfe de *Finlande*, qui baigne la Finlande et la Russie ; le golfe de *Livonie* ou de *Riga*, entre la Russie et la Courlande ; le golfe de *Dantzick*, en Prusse ; le golfe de *Lubeck*, en Danemarck.

35. *Golfes formés par la mer d'Allemagne :* le *Zuiderzée*, entre la Hollande et la Frise ; le golfe du *Wash*, en Angleterre ; le golfe de *Murray*, en Écosse ; le golfe ou canal de *Bristol*, entre l'Angleterre et le pays de Galles.

36. *Formés par la Méditerranée :* le golfe de *Valence*, entre l'Espagne et les îles Baléares ; le golfe de *Lyon*, au sud de la France (il baigne Toulon et Marseille) ; le golfe de *Gênes*, au nord-ouest de l'Italie ; la baie de *Naples*, sur la côte occidentale de l'Italie.

37. *Formés par la mer Ionienne :* le golfe de *Tarente*, au sud-est de l'Italie ; le golfe de *Lépante*, entre la Morée et la Livadie.

38. *Formé par la mer Adriatique :* le golfe de *Trieste*, entre l'Istrie et la province d'Udine.

39. *Formés par l'Archipel :* le golfe de *Napoli*, à l'est de la Morée ; le golfe d'*Égine*,

entre la Morée et l'Attique ; le golfe de *Salonique*, au sud de la Turquie.

Baies.

40. *Formée par la Manche :* la baie de *Cancale*, au nord du département de l'Ille-et-Vilaine.

41. *Formée par l'océan Atlantique :* la baie ou la rade de *Brest*, dans le département du Finistère.

Détroits.

42. Le détroit de *Calmar*, entre l'île d'Oland et la Suède ; le *Sund*, entre Séeland et la Suède ; le *grand Belt*, entre Séeland et Funen ; le *petit Belt*, entre Funen et le Jutland ; le *Cattegat*, entre le Jutland et la Suède ; le *Skager-Rack*, entre le Jutland et la Norwége ; le détroit ou canal du *Nord*, entre l'Écosse et l'Irlande ; le détroit ou canal *Saint-Georges*, entre la principauté de Galles et l'Irlande ; le *Pas-de-Calais*, entre la France et l'Angleterre ; le détroit de *Gibraltar*, entre l'Espagne et l'Afrique ; le détroit de *Bonifacio*, entre la Corse et la Sardaigne ; le phare de *Messine*, entre la Sicile et la Calabre ; le

détroit d'*Otrante*, entre l'Italie et l'Albanie; le détroit de *Talanta* ou *Euripe*, entre Négrepont et la Livadie; le détroit de *Gallipoli*, qui joint l'Archipel et la mer de Marmara; le détroit d'*Enikale*, qui joint la mer d'Azof à la mer Noire.

CHAPITRE IV.

Principaux Fleuves de l'Europe.

43. Les principaux fleuves de l'Europe sont, savoir :

Appartenant à la mer Blanche : la *Dwina septentrionale*, formée de la réunion des eaux de la *Soukhona* et du *Ioug*, se jette dans la mer Blanche, un peu au nord-ouest d'Archangel, après un cours d'environ 1200 kilomètres (1). Ses principaux affluents sont : la *Vitchegda*, la *Pinega* et la *Vaga*.

44. *Appartenant à la mer Baltique, ou à ses branches :* 1° la *Duna* ou *Dwina méridionale*, qui naît près des sources du Volga, en Russie,

---

(1) Le kilomètre vaut mille mètres.

et entre, un peu au-dessous de Riga, dans le golfe de Livonie, où elle porte les eaux de la *Drissa*, de la *Pedetz*, de la *Meia*, de l'*Oula* et de la *Disna*. Elle a 540 kilomètres de cours.

2° Le *Niémen* prend sa source en Pologne, entre dans la Prusse orientale, où, sous le nom de *Memel*, il aboutit au Kurische-Haff, après s'être divisé en deux bras, au-dessous de Tilsitt. Il a 267 kilomètres de cours, dont 60 seulement sont navigables. Son principal affluent est la Wilia, en Russie.

3° La *Vistule* sort des monts Krapacks dans l'empire d'Autriche ; elle arrose la Galicie, la Pologne et la Prusse, se divise en deux bras, dont l'un aboutit au Frische-Haff, dans la monarchie prussienne, et l'autre dans la mer Baltique, près de Dantzick, après un cours d'environ 1030 kilomètres. Ses principaux affluents sont : le *Wieprz*, le *Bug*, la *Pilica* et la *Bzura*. Elle est navigable dans un espace de 560 kilomètres, et communique avec l'Oder par le canal de Bromberg.

4° L'*Oder* prend sa source dans les montagnes de la Moravie ; il traverse la Silésie autrichienne, la Silésie prussienne, et se jette dans la Baltique, après un cours de 800 kilomètres. Ses principaux affluents sont : l'*Oppa* et l'*Olsa* ou l'*Elsa*, sur le territoire autrichien.

45. *Appartenant à la mer du Nord* : 1° l'*Elbe* a sa source aux monts des Géants, sur les confins de la Silésie et de la Bohême ; ce fleuve traverse la Bohême, la Saxe, le territoire prussien, le royaume de Hanovre, les états des grands-ducs de Mecklembourg-Schwerin et de Holstein, le territoire de la république de Hambourg, et entre dans la mer du Nord à 80 kilomètres de cette ville. Il reçoit, dans un cours de 1078 kilomètres, 333 rivières, dont les plus considérables sont : l'*Elster-Noir*, le *Havel*, l'*Elde*, la *Steckenitz*, la *Mulde*, la *Saade*, l'*Unstrut*, l'*Elster-Blanc*, l'*Ilmenau* et l'*Oste*.

2° Le *Weser* se forme des rivières de la *Werra* et de la *Fulda* qui se réunissent à Munden (Hanovre) ; il traverse le duché de Saxe, le grand-duché de la Hesse-Électorale, le royaume de Hanovre, le duché de Brunswick, le gouvernement prussien de Minden, le territoire de la république de Brême, sépare le grand-duché d'Oldenbourg de la préfecture hanovrienne de Stade, et entre ensuite dans la mer du Nord après un cours de 407 kilomètres. Ses principaux affluents sont : l'*Aller*, la *Vumme*, la *Geste*, le *Diemel*, le *Delme* et l'*Hunt*.

3° Le *Rhin*, qui a trois sources aux glaciers du mont Saint-Gothard, en Suisse, traverse le lac de Constance, sépare l'Allemagne de la Suisse et de la France, et aboutit à la mer du Nord, dans les Pays-Bas. Ses principaux affluents sont : le *Viesen*, le *Treisam*, le *Kinzig*, le *Necker*, le *Mein*, le *Lahn*, la *Nahe* et la *Moselle*. Il a environ 1304 kilomètres de cours.

4° La *Meuse* a sa source dans le département de la Haute-Marne, à 20 kilomètres de Langres. Elle baigne une fraction du département des Vosges, traverse celui auquel elle donne son nom et le département des Ardennes ; elle entre ensuite dans les Pays-Bas, où elle se joint aux branches du Rhin. Elle a un cours de 699 kilomètres. Elle reçoit la

Sambre et des affluents qui traversent le territoire prussien, entre autres la *Roer*.

46. *Appartenant à l'océan Atlantique et à ses branches :* 1° la *Seine* prend sa source presque au centre du département de la Côte-d'Or, entre St-Seine-l'Abbaye et Chanceaux ; elle traverse les départements de l'Aube, de Seine-et-Marne, de Seine-et-Oise, de l'Eure et de la Seine-Inférieure. Dans ce cours de 673 kilomètres, elle passe à Châtillon-sur-Seine, Bar-sur-Seine, Troyes, Melun, Corbeil, Paris, Saint-Cloud, Neuilly, Saint-Germain, Poissy, Meulan, Mantes, Vernon, Elbeuf, Rouen, et se jette dans la Manche, entre Honfleur et le Havre, par une vaste embouchure. Ses principaux affluents sont indiqués au n° 51.

2° La *Loire* a sa source au mont Gerbier-les-Joncs (Cévennes) dans le département de l'Ardèche, à 35 kilomètres d'Aubenas ; elle traverse ou touche onze autres départements : la Haute-Loire, la Loire, Saône-et-Loire, Allier, Nièvre, Cher, Loiret, Loir-et-Cher, Indre-et-Loire, Maine-et-Loire et Loire-Inférieure. Elle se jette dans l'Océan après un cours de 845 kilomètres qui divise la France en deux parties presque égales. Ses principaux affluents sont : l'Arroux, la Nièvre, la Mayenne, l'Allier, le Loiret, le Cher, l'Indre, la Vienne et la Sèvre Nantaise.

3° La *Garonne* prend sa source dans la vallée d'Aran, en Espagne ; elle arrose les départements de la Haute-Garonne, du Tarn-et-Garonne, du Lot-et-Garonne, de la Gironde ; passe par St-Gaudens, Muret, Toulouse, Agen, Marmande, la Réole, Bordeaux, et a son embouchure dans l'Océan, à 88 kilomètres au-dessous de Bordeaux, après s'être jointe à la Dordogne, au Bec-d'Ambès, où elle prend le nom de Gironde. Son cours est d'environ 726 kilomètres : ses principaux affluents sont l'Ariége, le Tarn, le Lot, le Gers et la Dordogne.

4° Le *Minho* a sa source dans la Galice, en Espagne ; il sépare ce royaume du Portugal, et se jette dans l'Océan après un cours de 264 kilomètres.

5° Le *Tage* prend sa source dans les montagnes d'Albarazzin, traverse la Nouvelle-Castille, l'Estramadure et le Portugal, et se jette dans l'Océan par une seule embouchure, à

13 kilom. au-dessous de Lisbonne, après un cours de 880 kilomètres. Ses principaux affluents sont : la Xarama, le Guadarrama, l'Alberche, l'Alagon, la Magasca et le Salor.

6° La *Guadiana* sort des lagunes de Riduera dans la Manche, traverse l'Estramadure, entre dans le Portugal, et revient toucher l'Espagne, dans l'intendance de Séville, avant de se jeter dans l'Océan, entre Ayamonte et Castro-Marine ; elle a un cours de 550 kilomètres.

7° Le *Guadalquivir* commence dans la province de Grenade ; il traverse l'Andalousie, et a son embouchure au golfe de Cadix, à 44 kilomètres nord-ouest de cette ville, après un cours de 598 kilomètres. Ses principaux affluents sont : le Guadalimar et le Xenil.

47. *Appartenant à la Méditerranée ou à ses branches :* 1° l'*Ebre* prend sa source dans la vallée de Reynosa, intendance de Santander ; il traverse la Vieille-Castille, l'Aragon et la Catalogne, et se décharge dans la Méditerranée près de Tortose. Ses principaux affluents sont : la Xalon, le San-Martin, le Guadalope, l'Aragon, le Gallego et le Segre ; il a 607 kilomètres de cours.

2° Le *Rhône* commence dans un glacier du mont de la Fourche, à deux lieues des sources du Rhin, en Suisse; il parcourt le Simplon, traverse le Valais, le lac de Genève, sépare le département de l'Ain de la frontière du royaume Sarde, baigne les départements du Rhône, de l'Isère, de la Loire, de l'Ardèche, de la Drôme, de Vaucluse, du Gard et des Bouches-du-Rhône, et se rend, par trois embouchures, dans la Méditerranée. On estime la longueur de son cours à plus de 740 kilomètres : il arrose Lyon, Vienne, Tournon, Valence, Montélimart, Viviers, Avignon, Beaucaire, Tarascon et Arles. C'est le fleuve le plus rapide de l'Europe; ses principaux affluents sont indiqués au n. 103.

3° L'*Arno* commence dans la partie la plus élevée de l'Apennin, en Toscane; il traverse les provinces d'Arezzo, de Florence et de Pise, et entre dans la mer de Toscane un peu au-dessous de Pise, il a 154 kilomètres de cours. Ses principaux affluents sont : le Sièye, l'Ombrone, l'Elsa et l'Era; un canal le met en communication avec le Tibre.

4° Le *Tibre* prend sa source dans les Apennins, en Toscane; il passe à Rome et se jette dans la Méditerranée, à 26 kilom. au-dessous de cette ville. Il reçoit la Chiana; son cours est de 264 kilomètres.

5° Le *Pô*, le fleuve le plus considérable de l'Italie, a sa source sur la pente du mont Viso, parcourt les royaumes Sarde et Lombard-Vénitien : il baigne les duchés de Parme, de Modène, et l'extrémité septentrionale des États du Pape, et va se jeter dans la mer Adriatique par plusieurs embouchures; il a un cours de 880 kilomètres.

6° L'*Adige* prend sa source au sud du lac Glacé (Suisse); il traverse le Tyrol, le gouvernement de Venise, se partage en plusieurs branches, et va déboucher dans l'Adriatique après un cours de 431 kilomètres ; son principal affluent est l'Eysach.

7° Le *Danube*, qui est le fleuve le plus considérable de l'empire d'Autriche, a ses sources dans les montagnes de la Forêt-Noire (grand-duché de Bade); il traverse toute l'Allemagne méridionale, la Hongrie et la Turquie d'Europe. Il se jette dans la mer Noire après un cours de 2803 kilomètres. Ses principaux affluents sont : l'Inn, qui arrose le Tyrol; la Salza, qui baigne Hallein et Salzbourg ; le Traun, qui traverse Wels ; l'Ens, en Autriche ; le Raab et le Sarwitz, en Hongrie ; la Drave, qui passe par Marbourg ; la Save, qui sépare l'Autriche de la Turquie ; la Morawa, qui traverse la Moravie ; enfin le Theiss, qui est le plus grand affluent du Danube.

8° Le *Dniester*, qui prend sa source dans une branche des monts Carpathes en Gallicie, traverse ce royaume, entre dans l'empire russe, et se jette dans la mer Noire par le golfe d'Akerman. Il a 1131 kilomètres de long ; ses principaux affluents sont le Stry, le Bistry, le Sered et le Podhorze.

9° Le *Dnieper*, ou *Borysthène*, a sa source dans le gouvernement de Smolensk ; il baigne Smolensk, Mohilew, Kiev, Iekaterinoslav et Kherson, et se jette dans la mer Noire après un cours de 1817 kilomètres. Il reçoit la Bérésina, le Pripet, la Desna, la Soula et l'Ouriel, etc.

10° Le *Don*, ou *Tanaïs*, a sa source dans la partie orientale du gouvernement de Toula (Russie) ; il a un cours sinueux de plus de 1628 kilomètres, et aboutit dans la mer d'Azov. Ses principaux affluents sont : le Voronege, le Khoper, la Medviesa et le Manitch.

11° La *Kouma*, qui naît sur le versant septentrional du Caucase, traverse la petite Abazie, passe par Koumskaia et entre, par plusieurs embouchures, dans la mer Caspienne après un cours de 1191 kilomètres. Son principal affluent est la Podkouma; elle sépare l'Europe de l'Asie, selon le système de quelques géographes.

12° Le *Volga* prend sa source dans la forêt de Volkonski, dans le gouvernement de Tver, en Russie. Il traverse la plus grande partie de ce vaste empire, en coulant à l'est jusqu'à Kazan; puis il tourne au sud vers la mer Caspienne, où il entre par plus de soixante embouchures; c'est le plus grand fleuve de l'Europe; il a 3784 kilomètres de longueur. Ses principaux affluents sont : l'Oka, la Moskva, la Kliazma, la Soura, la Tvertza, la Mologda, la Cheksna, la Kama, etc.

13° L'*Oural*, ou *Jaïk*, prend sa source sur le versant oriental des monts Ourals, trace en très-grande partie les limites orientales entre l'Europe et l'Asie, et entre dans la mer Caspienne près de Gouriev. Ses principaux affluents sont la Sakmara et l'Ilek ; il a environ 1730 kilomètres.

CHAPITRE V.

Principales Rivières de l'Europe.

48. Les principales rivières de l'Europe sont, savoir :

1° Le *Bug*, qui a sa source dans la Gallicie, traverse la Pologne, et se jette dans la Vistule au-dessous de Varsovie, après un cours de 528 kilomètres ; 2° la *Wartha*, qui commence sur le territoire de Cracovie, traverse la Pologne et la Prusse, et a son embouchure dans l'Oder à Custrin, après un cours de 489 kilomètres.

49. *Rivières qui se jettent dans l'Elbe :* 1° la *Moldau*, qui sort des montagnes de la Bohême méridionale, traverse ce royaume dans toute sa longueur et se jette dans l'Elbe, après un cours de 276 kilomètres ; 2° la *Saale*, qui sort de la principauté de Bayreuth, traverse la Saxe du sud au nord, sur une

longueur de 244 kilomètres, et se jette dans l'Elbe ; 3° la *Sprée*, qui commence près de Bautzen, dans les montagnes de Bohême, traverse tout le Brandebourg, et se joint à l'Elbe, après un cours de 356 kilomètres.

50. *Rivières qui se jettent dans le Rhin :* 1° L'*Aar* sort des lacs de Brintz et de Thun, au sud du canton de Berne, traverse une grande partie de la Suisse, et se perd dans le Rhin à Waldshut, après un cours de 266 kilomètres.

2° Le *Necker* a sa source dans le voisinage de celle du Danube, traverse le Wurtemberg et la Bavière, et se jette dans le Rhin à Manheim ; il a un cours de 227 kilomètres.

3° Le *Mein* a deux sources qui se réunissent un peu au-dessous de Bayreuth ; il se jette dans le Rhin à Mayence, après un cours de 533 kilomètres.

4° La *Moselle*, qui a 356 kilomètres de longueur, prend sa source dans les Vosges ; elle traverse une partie de la France, des Pays-Bas et de la Prusse, et elle a son embouchure dans le Rhin à Coblentz.

51. *Rivières qui se jettent dans la Seine :*

1° L'*Yonne* prend sa source dans le département de la Nièvre, traverse le département auquel il donne son nom, et se jette dans la Seine à Montereau-Fault-Yonne (Seine-et-Marne), après un cours de 289 kilomètres.
2° L'*Oise* prend sa source dans le département des Ardennes, traverse les départements de l'Aisne et de l'Oise, et se jette dans la Seine à Conflans-Sainte-Honorine (Seine-et-Oise). Elle a 266 kilomètres de cours.

52. *Rivières qui se jettent dans la Loire:*
1° Le *Cher* prend sa source dans le département de la Creuse et se jette dans la Loire près de Tours. 2° La *Vienne* a sa source sur le plateau de Millevaches, canton de Sornac (Corrèze); elle arrose les départements de la Haute-Vienne, de la Vienne, et d'Indre-et-Loire, et se jette dans la Loire à Candes, dans ce dernier département. Elle a 356 kilomètres de cours.

53. *Rivières qui se jettent dans la Garonne:*
1° Le *Tarn* prend sa source dans les montagnes du Gévaudan (Lozère), parcourt les départements de la Lozère, de l'Aveyron, du Tarn et de Tarn-et-Garonne, et se jette dans

la Garonne près de Moissac : il a 311 kilomètres de cours. 2° Le *Lot* a sa source près de Blaymard (Lozère), et se jette dans la Garonne, auprès d'Aiguillon, après un cours de 286 kilomètres. 3° La *Dordogne* a sa source au Mont-d'Or (Cantal) et son embouchure dans la Garonne, près de Bordeaux. Elle traverse les départements du Cantal, de la Corrèze, du Lot, de la Dordogne et de la Gironde.

54. *Rivières qui se jettent dans le Rhône :*

1° La *Saône* prend sa source dans les Vosges ; elle baigne les départements de la Haute-Saône, de la Côte-d'Or, de Saône-et-Loire et du Rhône, et se jette dans le Rhône, un peu au-dessous de Lyon ; elle a 356 kilomètres de cours. 2° L'*Isère* prend sa source dans les Alpes, en Savoie, et se jette dans le Rhône, au-dessus de Valence ; elle traverse les départements de l'Isère et de la Drôme. 3° La *Durance* a sa source dans les Alpes cottiennes, sur la frontière des États Sardes, et se jette dans le Rhône, au-dessous d'Avignon ; elle baigne les départements des Basses-Alpes, des Hautes-Alpes et de Vaucluse.

55. *Rivières qui se jettent dans le Pô :*

1° Le *Tanaro*, qui a sa source dans les Apennins ; 2° le *Tésin*, qui sort des glaciers du mont Saint-Gothard, et traverse le lac Majeur : il a 176 kilomètres de cours ; 3° l'*Adda*, qui prend sa source dans les Alpes, a 214 kilomètres de longueur.

56. *Rivières qui se jettent dans le Danube :*

1° L'*Inn*, qui sort des Alpes, en Suisse, et traverse toute la Bavière ; il a 834 kilomètres. 2° La *Drave* commence sur les confins du Tyrol, et traverse l'Autriche ; 733 kilomètres. 3° La *Theiss* sort des monts Krapacks, et traverse toute la Hongrie. 4° La *Save* sort des Alpes vénitiennes, traverse la Croatie et l'Esclavonie après un cours de 444 kilomètres. 5° Le *Sereth* prend sa source dans la Bukovine, traverse la Moldavie ; il a 356 kilomètres de longueur. 6° Le *Pruth* prend sa source dans les monts Krapacks et sert de limite entre la Russie et la Turquie ; il a 533 kilomètres de cours.

57. *Rivières qui se jettent dans le Dniéper :*

1° La *Bérésina*, qui a sa source au nord du

gouvernement de Minsck ; elle a 378 kilomètres. 2° Le *Przypieck*, qui sort des marais de Swytosz, au centre de la Pologne, a 577 kilomètres de cours. 3° La *Desna*, qui commence près d'Élina, en Russie, a 356 kilomètres de longueur. 4° Le *Bog*, qui a sa source dans le gouvernement de Podolie, et dont le cours a 600 kilomètres.

58. *Rivières qui se jettent dans le Volga :* 1° l'*Oka*, qui commence au sud du gouvernement d'Orel, en Russie, a 880 kilomètres de long. 2° Le *Kama*, qui a sa source au nord du gouvernement de Viatka, en Russie, a un cours de 1332 kilomètres.

CHAPITRE VI.

Principaux Lacs de l'Europe.

59. Les principaux lacs de l'Europe sont : le lac de *Genève*, entre les cantons de Vaud, de Genève et la Savoie ; il est traversé par le Rhône ; le lac de *Constance*, traversé par le

Rhin dans toute sa longueur ; le lac *Majeur*, en Lombardie, au nord du Milanais, traversé par le Tésin, qui se jette dans le Pô ; le lac de *Côme*, en Lombardie, au nord du Milanais, traversé par l'Adda ; le lac *Balaton*, ou *Plattensée*, en Autriche ; le lac *Meler*, en Suède, entre l'Upland et le Sudermanland ; le lac *Wener*, en Suède, entre la Gothie occidentale et le Warmland ; le lac *Onéga*, en Russie, dans le gouvernement d'Olonetz ; le lac *Ladoga*, en Russie, dans les gouvernements de Pétersbourg et de Wiborg ; le lac *Ilmen*, en Russie, dans le gouvernement de Novogorod.

CHAPITRE VII.

Principales Iles et Presqu'îles de l'Europe.

—

60. Les principales îles de l'Europe sont au nombre de vingt-quatre, savoir :

61. *Dans l'Océan Atlantique ou ses branches:* les Iles Britanniques, c'est-à-dire la *Grande-Bretagne* et l'*Irlande*, qui sont les deux plus

grandes îles de l'Europe ; l'*Islande*, qui appartient au Danemarck ; les îles de *Jersey* et de *Guernesey*, entre la Normandie et la Bretagne, appartenant à l'Angleterre ; les îles d'*Oléron* et de *Ré*, vis-à-vis la côte du département de la Charente-Inférieure.

62. *Dans la Méditerranée ou ses branches :* les îles *Baléares*, dépendant de l'Espagne ; la *Corse*, appartenant à la France ; la *Sardaigne*, au midi de la Corse, formant une royauté ; la *Sicile*, appartenant au roi de Naples ; *Malte*, au sud de la Sicile, appartenant à l'Angleterre ; l île d'*Elbe*, dépendant du grand-duché de Toscane ; les *Iles Ioniennes* (182).

63. *Dans la mer Baltique :* les îles de *Seeland* et de *Funen* ou *Fionie*, appartenant au Danemarck ; les îles de *Gothland* et d'*Oland*, appartenant à la Suède ; les îles de *Dago* et d'*OEsel*, à la Russie ; l'île de *Rugen*, à la Prusse.

64. *Dans la mer Glaciale ou ses branches :* l'île de *Kalgouef*, peu éloignée de l'entrée de la mer Blanche ; la *Nouvelle-Zemble* et le *Spitzberg*.

65. Les grandes presqu'îles de l'Europe sont : la *Scandinavie*, entre la mer Baltique,

l'océan Atlantique et la mer Glaciale ; l'*Espagne* et le *Portugal*, entre la Méditerranée, l'océan Atlantique et la baie de Biscaye ; l'*Italie*, entre la Méditerranée et la mer Adriatique ; la *Grèce*, entre la mer Ionienne et l'Archipel ; la *Laponie russe*, entre la mer Blanche et la mer Glaciale, au nord de la Russie ; la *Courlande*, entre la mer Baltique et le golfe de Riga, le *Jutland*, entre la mer Baltique et la mer d'Allemagne ; la *Bretagne*, à l'ouest de la France, entre la Manche, l'Océan et la baie de Biscaye ; la *Calabre*, au sud de l'Italie, entre la Méditerranée et la mer Ionienne ; l'*Istrie*, au nord de la mer Adriatique ; la *Morée*, ou *Péloponèse*, entre la mer Ionienne et l'Archipel, jointe à la Grèce par l'isthme de Corinthe ; l'*Attique* ou *Livadie*, entre le golfe d'Ingia et l'Archipel, en Grèce ; la *Crimée*, ou *Tauride*, entre la mer Noire et la mer d'Azof, jointe à la Russie par l'isthme de Pérécop.

CHAPITRE VIII.

Principaux Caps ou Promontoires en Europe.

66. Les caps ou promontoires les plus remarquables sont, savoir :

1° *Dans l'océan Arctique* : le cap *Désiré*, ou cap *Gelanias*, à l'extrémité septentrionale de la Nouvelle-Zemble ; le cap *Nord*, au nord de la Norwége ; le *Nord-Kin*, ou *Noss-Künn*, dans le Finmark, à l'extrémité septentrionale du continent européen.

2° *Dans l'océan Atlantique ou ses branches:* le cap *Skagen*, au nord du Jutland; le cap de la *Hogue*, en France, dans le département de la Manche ; le cap *Lézard*, formant la pointe la plus méridionale de l'Angleterre ; le cap *Finistère*, en Galice, dans l'Espagne ; le cap *Roca*, qui est le plus occidental de tout le continent européen ; le cap *St-Vincent*, au sud-ouest du Portugal.

3° *Dans la Méditerranée ou ses branches* : le cap *Palos*, au sud-est du royaume de Murcie, en Espagne ; le cap *St-Martin*, dans l'intendance de Valence, en Espagne ; le cap *Creux* (la pointe la plus orientale des Pyrénées), dans l'intendance de Barcelonne, en Espagne ; le cap *Corse*, à l'extrémité septentrionale de la Corse ; le cap *Matapan*, au sud de la Morée : on le regarde comme la pointe la plus méridionale du continent européen.

4° *Dans la mer Baltique* : le cap *Domesnes*, dans le golfe de Riga ou de Livonie, et celui d'*Hangoud*, sur le golfe de Finlande.

CHAPITRE IX.

Montagnes et Volcans en Europe.

67. Les principales chaînes de montagne de l'Europe, rangées d'après leur hauteur, sont :

Les *Alpes*, situées entre la Suisse, la France et l'Italie : le pic le plus élevé est le *Mont-Blanc*, haut de 4800 mètres (1) ; le mont

---

(1) Le lieu habité le plus élevé de l'Europe est l'hospice du grand Saint-Bernard, dans les Alpes, à 2400 mètres au-dessus de la mer.

Rosa, autre pic des Alpes, à 4700 mètres ; la *Sierra Nevada*, dans le royaume de Grenade, à 3500 mètres ; les *Pyrénées*, entre la France et l'Espagne, 3410 mètres ; les monts *Krapacks*, entre la Hongrie, la Turquie et la Gallicie, 2700 mètres ; les *Dofrines*, qui traversent la Norwége du nord au sud, 2500 mètres ; les *Apennins*, qui traversent l'Italie dans toute sa longueur, 2500 mètres ; le *Jura*, entre la France et la Suisse, 1722 mètres ; les *Cévennes*, en France, dans les départements du Gard, de l'Ardèche et de la Lozère, 1700 mètres ; l'*Oural*, entre la Russie et l'Asie, 1650 mètres ; les *Vosges*, en France, 1403 mètres.

68. Les pics les plus élevés des hautes montagnes sont couverts de neiges et de glaces perpétuelles, appelées *glaciers*. Une partie de ces neiges s'éboule avec fracas dans les vallées, au printemps, et forme des *avalanches* qui renversent tout sur leur passage.

69. Les principaux volcans sont l'*Etna*, en Sicile, haut de 3200 mètres ; le mont *Vésuve*, en Italie, haut de 1200 mètres ; le mont *Hécla*, dans l'Islande, île dépendante du Danemarck, haut de plus de 1700 mètres.

CHAPITRE X.

Divisions de l'Europe.

70. On divise l'Europe en seize parties principales, dont quatre au nord, savoir : les *Iles Britanniques*, le *Danemarck*, la *Suède* avec la *Norwége*, et la *Russie d'Europe* ; sept au milieu, savoir : la *France*, la *Confédération Suisse*, la *Hollande*, la *Belgique*, la *Confédération Germanique*, la *Prusse* et l'*Autriche* ; cinq au sud, qui sont : l'*Espagne*, le *Portugal*, l'*Italie*, la *Turquie* et la *Grèce*.

CONTRÉES DU NORD.

Les Iles Britanniques.

71. La *Grande-Bretagne* (comprenant l'Angleterre et l'Écosse), l'*Irlande*, et plusieurs petites îles, forment ce qu'on appelle les *Iles Britanniques* ; elles sont entourées par la mer de tous les côtés, et séparées de la France par la Manche. L'Écosse est séparée de l'Angleterre par la Tweed et le golfe de Solway. L'Ir-

lande est séparée de l'Angleterre par le canal de St-George et le détroit d'Irlande.

72. La superficie des Iles Britanniques est de 984 myriamètres carrés. On y compte 23,400,000 habitants. Nous ne parlons pas des colonies de l'Angleterre, qui sont les plus vastes et les plus peuplées de toutes.

73. Les Iles Britanniques se divisent en comtés partagés en cours judiciaires ou arrondissements. On compte :

40 comtés dans l'Angleterre proprement dite;
12 *id.* dans la principauté de Galles;
8 *id.* dans les dépendances administratives;
33 *id.* dans l'Écosse;
32 *id.* en Irlande.

74. Les principales villes sont, savoir :

1º En Angleterre.

Londres, capitale, sur la Tamise; *York*, la ville la plus considérable de l'Angleterre septentrionale; *Liverpool*, port de mer très-commerçant; *Manchester* et *Birmingham*, villes manufacturières; *Bristol*, port au sud-ouest, près de l'embouchure de la Severn, *Falmouth*, qui possède une des meilleures baies de l'Angleterre; *Plymouth* et *Portsmouth*, les deux ports les plus fameux pour la marine de guerre; *Cambridge* et *Oxford*, célèbres par leurs universités.

2° En Écosse.

Édimbourg, capitale, sur le Forth; *Glasgów*, sur la Clyde, célèbre par son collége, ses imprimeries et ses manufactures; *Perth*, sur le Tay, où l'on fabrique des toiles; *Aberdeen*, port de mer.

3° En Irlande.

Dublin, capitale, sur la Liffey; *Cork*, au sud-est, avec un bon port; *Limerick*, à l'ouest, sur le Shannon; *Galway* et *Kilkenny*, la plus considérable des villes de l'intérieur.

75. Les principales rivières sont, savoir :

1° En Angleterre.

1° La *Tamise*, formée par la réunion du Charwel avec l'Isis, au-dessous d'Oxford, traverse les comtés de l'Angleterre méridionale, et entre, par une large embouchure, dans la mer du Nord, à 111 kil., Est, de Londres; elle a 289 kil. de cours. 2° La *Severn* a sa source dans la principauté de Galles, en Angleterre; elle traverse cette principauté et l'Angleterre occidentale, et entre dans le canal de Bristol par une vaste embouchure. Elle reçoit la *Wie* et les deux *Avon;* elle a 356 kil. de cours. 3° L'*Humber*, grossi de la Trent et de l'Ouse. 4° La *Tweed*, sur la frontière de l'Écosse.

2° En Écosse.

5° Le *Forth*, qui se jette dans le golfe de son nom.

6° Le *Tay*, sort du lac de ce nom dans le comté de Perth, en Écosse; il passe par Perth et Dundee, et aboutit à la mer du Nord par le golfe auquel il donne son nom; son cours n'est que de 133 kil.

7° La *Clyde* prend sa source dans le comté d'Annandale, en Écosse; elle aboutit dans la mer d'Irlande, après un cours de 155 kil. Un canal navigable joint la Clyde au Forth.

3° En Irlande.

8° Le *Shannon* a sa source au lac Lough-Clean, en Irlande; il traverse presque toute l'Irlande du nord au sud; il reçoit une trentaine d'affluents dans un cours de 356 kil., mais aucun d'eux ne mérite d'être cité. Il a son embouchure dans l'océan Atlantique, entre le cap Lean et Herry-Head.

CANAUX.

76. Un grand nombre de canaux multiplient les communications hydrauliques en Angleterre. Nous citerons les principaux.

1° En Angleterre.

Le canal de *Leeds* (comté d'York) à Liverpool. Il a 117 kilomètres de longueur. Le canal de *Manchester* ou de *Bridgewater*, de Manchester à Liverpool. Le grand *Trunk*, qui joint les rivières Mersey et Trent dans les comtés de Chester, de Stafford et Derby; il a 96 kilomètres. Le canal de *Stafford* et *Worcester*, qui joint le grand Trunk à la Severn, comtés de Stafford et de Worcester; il a 64 kilom. Le canal *Worcester* et *Birmingham*, qui joint la Severn au grand Trunk, comtés de Worcester et de Warwich; il a 52 kil. de cours. Le canal de *Birmingham* et *Warwick* traverse le comté de Warwick; son cours est de 36 kilomètres. Le canal d'*Ox-*

ford traverse les canaux de Warwick et d'Oxford, et joint le Trunk à la Tamise. Il a 12 myriamètres de longueur. Le canal de la *Grande-Jonction* va de Londres au canal d'Oxford; il a 16 myriamètres de long. Le canal de *Severn* et *Tamise* joint la Tamise à la Severn, dans le comté de Glocester; il a 52 kilomètres de long.

2º En Irlande.

Le canal royal d'*Irlande*, de la rivière Liffey, à Dublin, jusqu'au Shannon, il a 112 kilomètres d'étendue. Le canal de *Newry* joint la mer d'Irlande à l'Océan par le lac Neagh et le Bann; il a 32 kilomètres de cours.

3º En Écosse.

Le canal *Calédonien*, qui joint l'Océan à la mer du Nord par le lac Ness. Le canal de *Glasgow*, qui joint l'Océan à la mer du Nord par les rivières Forth et Clyde; il a 48 kilomètres de long.

77. Le gouvernement est une monarchie constitutionnelle; le pouvoir législatif est exercé par une chambre des pairs et une chambre des communes. La religion calvi-

niste anglicane domine en Angleterre, la religion calviniste presbytérienne en Ecosse, et la religion catholique en Irlande. La Grande-Bretagne est regardée comme le pays le plus industrieux du globe.

78. Les principales possessions de l'Angleterre sont : *Gibraltar*, au sud de l'Espagne; l'île de *Malte*, dans la Méditerranée; *Calcutta, Delhy, Surate, Madras, Bombay, Ceylan*, de vastes territoires dans l'Inde; des établissements dans la Sénégambie, dans la Guinée septentrionale, dans la Cafrerie; le *cap de Bonne-Espérance*, l'*île de France*, et l'*île de Rodrigue*, dans la mer des Indes; la partie sud-est de la Nouvelle-Bretagne, la *Jamaïque*, la *Barbade*, une partie de la *Guyane*; la *Nouvelle-Galles*, dans l'Australie, etc., etc.

CHAPITRE XI.

Contrée du Nord.

—

Le Danemarck.

79. Le Danemarck est borné au *nord* par la mer de Danemarck et le Cattegat ; à l'*est* par le Cattegat, le détroit du Sund et la Baltique ; au *sud* par le royaume de Hanovre ; à l'*ouest* par la mer du Nord.

80. Il se compose du Jutland, l'ancienne Chersonèse cimbrique, du Holstein, des îles de la Baltique, de l'Islande et des îles de Fœro, qui sont au nombre de 24.

81. Le pays est divisé en 51 bailliages. On y compte 1,950,000 habitants, dont la majeure partie professe la religion luthérienne. Le gouvernement est une monarchie absolue.

82. Les îles principales de la Baltique sont : *Seeland,* où est située Copenhague, capitale du Danemarck ; *Elseneur*, au nord ; *Fionie*, capitale *Odensée*, etc., etc.

83. Dans l'Islande, on remarque l'Hécla,

volcan en activité, quoique entièrement couvert de neige.

84. Les principaux articles de commerce sont les céréales, le beurre, la farine, le fromage, les bœufs. les chevaux, les cuirs, le suif, les viandes salées, les laines, les eaux-de-vie de grains.

85. Le Danemarck a quelques possessions lointaines : en Asie, sur la côte de Coromandel ; en Afrique, dans la Guinée septentrionale, et plusieurs îles dans les petites Antilles, en Amérique.

CHAPITRE XII.

Contrée du Nord.

La Suède et la Norwége.

86. La monarchie norwégienne-suédoise est bornée au *nord* par l'Océan ; à l'*est* par la Laponie, le golfe de Bothnie et la mer Baltique ; au *sud* par cette même mer ; à l'*ouest*

par le Sund, le Cattegat, le Skager-Rack et la mer du Nord.

87. La Suède, qui est séparée de la Norwége par la grande chaîne des Dofrines, se divise en 24 gouvernements, et la Norwége en 17 bailliages.

88. La capitale de la Suède est Stockholm, sur le lac Meler; celle de la Norwége est Christiania. Les habitants de ce royaume professent le luthéranisme.

89. Le gouvernement est une monarchie constitutionnelle : le roi jouit du pouvoir exécutif. Les *états* ou la *diète* ont le pouvoir législatif, et partagent avec le souverain le droit de fixer les impôts. Les états du royaume de Suède sont composés de quatre ordres : la *noblesse*, le *clergé*, les *bourgeois* et les *paysans*. Les états de la Norwége ne forment qu'une seule assemblée, sans distinction entre ses membres.

90. Les principaux articles de commerce consistent en fer et acier, en bois de construction et objets relatifs à la marine, en cuivre, verre et glaces, marbres, cuirs, fourrures, etc., etc.

91. La Suède ne possède, hors de l'Europe, que l'île de Saint-Barthélemy, dans les Antilles.

CHAPITRE XIII.

Contrée du Nord.

La Russie d'Europe.

92. L'empire de Russie est borné au *nord* par l'océan Glacial; à l'*est* par la Russie asiatique et la mer Caspienne; au *sud* par la Russie asiatique, la mer Noire, la Turquie, l'Autriche; à l'*ouest* par la principauté de la Moldavie, l'Autriche, la Prusse, la mer Baltique et la monarchie norwégienne-suédoise. Il occupe presque toute la largeur de l'Europe depuis la mer Glaciale jusqu'à la mer Noire, dans une longueur de 240 myriamètres sur 160 de large.

93. Cet empire est divisé en 49 gouvernements (non compris la Finlande). Les principales villes sont : Saint-Pétersbourg, capitale, sur la Neva; Moscou, sur la Moskowa;

Wilna, sur le Niémen ; Kioff, sur le Dniéper.

94. Les ports sont : Riga, sur la Baltique ; Archangel, sur la mer Blanche ; Cronstadt, sur le golfe de Finlande ; Odessa, sur la mer Noire ; Azov, sur la mer de ce nom ; Astrakhan, sur la mer Caspienne.

95. La Russie possède encore la *Crimée*, presqu'île qui touche au continent par l'isthme de Pérécop, et une portion de la *Pologne*.

96. La religion catholique-grecque domine en Russie. Le souverain, qui prend le titre d'autocrate, est monarque absolu.

97. Les principaux articles d'exportation consistent en suif, lin, chanvre, farine, fer, cuivre, bois de construction, cuirs, pelleteries, etc., etc.

98. Les possessions lointaines de la Russie sont, savoir : en Asie, la Sibérie ; en Amérique, une île dans le Spitzberg, et Archangel dans l'archipel du roi Georges.

CHAPITRE XIV.

Contrée du Milieu.

—

La France.

99. La France, la plus ancienne des monarchies existantes, est bornée au *nord* par la Manche, le Pas-de-Calais, la Belgique, le grand-duché de Luxembourg, le grand-duché du Bas-Rhin et le cercle du Rhin; à l'*est*, par le Rhin, qui la sépare de l'Allemagne, et par les Alpes, qui la séparent de la Suisse et de l'Italie; au *sud* par la Méditerranée et les Pyrénées, qui la séparent de l'Espagne; à l'*ouest* par l'océan Atlantique et la Manche. Elle offre une surface de 5600 myriamètres carrés.

100. Avant 1790, elle était divisée en 32 gouvernements ou provinces qui, avec la Corse et le comtat d'Avignon, cédé par le pape en 1797, forment 86 départements, qui ont pris leurs noms des rivières qui les traversent, des fontaines, montagnes ou rochers qui s'y trouvent, ou des mers qui en baignent les côtes. Ces départements sont ad-

ministrés par autant de préfets, et subdivisés en sous-préfectures et en cantons. Voici les noms des anciennes provinces et l'indication des départements qui en ont été formés.

1º La Flandre, qui a été réunie à la couronne par conquête sous Louis XIV, a formé le département du *Nord,* dont le chef-lieu est *Lille*, à 238 kilomètres de Paris.

2º L'Artois, qui a été conquis sous Louis XIII, a servi à former le département du Pas-de-Calais, dont *Arras* est le chef-lieu, à 174 kilomètres de Paris.

3º La Picardie faisait partie du domaine de la couronne dès les commencements de la monarchie; on en a fait le département de la Somme, dont *Amiens* est le chef-lieu, à 127 kilomètres de Paris.

4º La Normandie, qui a été réunie à la couronne sous Philippe-Auguste, en 1203, a servi à former cinq départements, savoir :
Seine-Inf., chef-l. *Rouen*, à 121 kil. de Paris.
Eure. . . . . *Evreux*, à 104 kil.
Calvados. . . . . *Caen*, à 223 kil.
Manche. . . *Saint-Lô*, à 285 kil.
Orne. . . . . *Alençon*, à 194 kil.

5° L'ILE-DE-FRANCE faisait partie du domaine de la couronne dès les commencements de la monarchie ; on en a formé les départemens suivans :

Seine. . . . chef-lieu *Paris*, capitale du roy.
Seine-et-Oise. . . . . *Versailles*, à 19 k. de P.
Seine-et-Marne. . . *Melun*, à 44 kilom.
Oise. . . . . *Beauvais*, à 72 kilom.
Aisne. . . . . *Laon*, à 129 kilom.

6° La CHAMPAGNE, réunie à la France en 1284, sous Philippe-le-Bel, a formé les départements
Des *Ardennes*, chef-l. *Mézières*, à 234 k. de P.
De la *Marne*. . . . *Chaalons-s.-Marne*, à 162 kil.
De l'*Aube*. . . . . *Troyes*, à 159 kilom.
De la *Haute-Marne*. *Chaumont*, à 250 kil.

7° La LORRAINE, cédée à la couronne sous Louis XV, a été partagée entre les dép. de :
La *Meuse*, chef-lieu *Bar-le-Duc*, à 234 k. de P.
La *Moselle*. . . . . *Metz*, à 318 kilom.
La *Meurthe*. . . . *Nancy*, à 317 kilom.
Les *Vosges*. . . . *Épinal*, à 376 kilom.

8° L'ORLÉANAIS. Cette province formait, avec la Picardie et l'Ile-de-France, tout le domaine de la couronne ; on en a fait les départements

Du *Loiret*, chef-lieu *Orléans*, à 118 k. de P.
D'*Eure-et-Loir*. . . *Chartres*, à 88 kilom.
De *Loir-et-Cher*. . . *Blois*, à 175 kilom. .

9° La TOURAINE, ajoutée à la couronne sous Philippe-Auguste, forme le département d'*Indre-et-Loire*, dont *Tours*, à 230 kil. de Paris, est le chef-lieu.

10° Le BERRY, acheté et réuni à la couronne sous Philippe 1er, a formé 2 départements :
L'*Indre*, chef-lieu *Châteauroux*, à 255 k. de P.
Le *Cher*. . . . . *Bourges*, à 220 kil.

11° Le NIVERNAIS, conquis sous Louis XIV, a formé le département de la *Nièvre*, dont *Nevers*, à 234 kil. de Paris, est le chef-lieu.

12° Le BOURBONNAIS, réuni à la couronne par François 1er, a formé le département de l'*Allier; Moulins*, chef-lieu, à 287 kilom. de Paris.

13° La MARCHE, réunie à la couronne en même temps que le Bourbonnais, est devenue le département de la *Creuse*, chef-lieu *Guéret*, à 334 kilom. de Paris.

14° Le Limousin, conquis sous Charles V, a formé :
La *Hte-Vienne*, chef-l. *Limoges*, à 375 k. de P.
Et la *Corrèze*. . . . . . *Tulle*, à 464 k.

15° L'Auvergne, réunie à la couronne par François Ier, en même temps que la Marche et le Bourbonnais, forme les départements du *Puy-de-Dôme*, chef-l. *Clermont-Ferrand*, à 382 kilom. de Paris.
De la *Haute-Loire*. . *Le Puy*, à 504 kilom.
Du *Cantal*. . . . . . . *Aurillac*, à 548 kil.

16° Le Maine, réuni à la couronne sous Louis XI, par droit de succession, a formé les départements de
La *Sarthe*, chef-lieu le *Mans*, à 213 k. de P.
La *Mayenne*. . . . . *Laval*, à 283 kilom.

17° L'*Anjou*, réuni à la couronne sous Louis XI, par droit de succession, a formé le département de *Maine-et-Loire*, dont le chef-lieu est *Angers*, à 304 kil. de Paris.

18° La Bretagne, réunie à la couronne sous François Ier, a été partagée entre les départements de
Ille-et-Vilaine, chef-l. *Rennes*, à 347 k. de P.
Côtes-du-Nord. . . *St-Brieuc*, à 456 kil.

Finistère. . . . . . . *Quimper*, à 548 kilom.
Morbihan. . . . . . . *Vannes,* à 450 kilom.
Loire-Inférieure. . . *Nantes,* à 393 kilom.

19° Le Poitou, conquis sous Charles V, a servi à former les départements de
La *Vienne,* chef-lieu *Poitiers,* à 333 kil. de P.
Des *Deux-Sèvres.* . *Niort,* à 407 kilom.
La *Vendée.* . . . . . . *Bourbon - Vendée*, à 433 kil.

20° L'Aunis, la Saintonge et l'Angoumois, conquis sous Charles V, ont formé, savoir :
*Charente-Infér.*ch.-l. *La Rochelle*, à 470 k. de Paris.
La *Charente.* . . . . . *Angoulême*, à 439 kil.

21° L'Alsace, conquise sous Louis XIV, a formé les départements du
Haut-Rhin, chef-lieu *Colmar,* à 470 k. de P.
Et du *Bas-Rhin.* . . *Strasbourg,* à 454 k.

22° La Franche-Comté, conquise sous Louis XIV, a formé les départements de
La *Haute-Saône,* ch.-l. *Vesoul,* à 360 k. de P.
Du *Doubs.* . . . . *Besançon,* à 385 k.
Du *Jura.* . . . . *Lons-le-Saulnier*, à 397 kilom. de Paris.

23° La Bourgogne, réunie à la couronne, par réversion, sous Louis XI, a formé les départements de

L'*Yonne*, chef-l.　*Auxerre*, à 168 kil. de Paris.
La *Côte-d'Or* . .　*Dijon*, à 301 kil.
Saône-et-Loire .　*Mâcon*, à 398 kil.
L'*Ain*. . . . . . . *Bourg*, à 420 kil.

24° Le LYONNAIS, acquis sous Philippe-le-Bel, a formé les départements
Du *Rhône*, ch.-l.　*Lyon*, à 463 kil. de Paris.
De la *Loire*. . .　*Montbrison*, à 443 kil.

25° Le LANGUEDOC, réuni à la couronne, sous Philippe-le-Hardi, par droit de succession, a formé 8 départements, qui sont :
Ardèche, chef-l..　*Privas*, à 617 kil. de Paris.
Lozère . . . . . .　*Mende*, à 570 kil.
Gard . . . .　*Nîmes*, à 711 kil.
Hérault . . . .　*Montpellier*, à 761 kil.
Tarn. . . . . . .　*Alby*, à 680 kil.
Aude. . . . . . .　*Carcassonne*, à 776 kil.
Haute-Garonne .　*Toulouse*, à 681 kil.

26° Le ROUSSILLON, conquis sous Louis XIII, devenu département des *Pyrénées-Orientales*, chef-lieu *Perpignan*, à 885 kil. de Paris.

27° Le COMTÉ DE FOIX, faisant partie du Béarn, et dont on a formé le département de l'*Ariége*, chef-lieu *Foix*, à 762 kil. de Paris.

28° et 29° La Guienne et la Gascogne, conquises sous Charles VII ; on en a fait les départements suivants :

Dordogne, ch.-l. *Périgueux*, à 470 kil. de Paris.
Gironde . . . . *Bordeaux*, à 557 kil.
Lot-et-Garonne. *Agen*, à 603 kil.
Lot . . . . *Cahors*, à 600 kil.
Tarn-et-Garonne *Montauban*, à 630 kil.
Aveyron . . . . *Rhodez*, à 602 kil.
Landes . . . . . *Mont-de-Marsan*, à 691 kil.
Gers . . . . . . *Auch*, à 672 kil.
Hautes-Pyrénées *Tarbes*, à 745 kil.

30° Le Béarn, patrimoine de Henri IV, dont on a fait le département des *Basses-Pyrénées*, chef-lieu, *Pau*, à 756 kil. de Paris.

31° Le Dauphiné, réuni à la couronne sous Philippe-de-Valois, par donation, a formé les départements de

L'*Isère*, chef-lieu *Grenoble*, à 551 kil. de P.
La *Drôme* . . . . *Valence*, à 555 kil.
Les *Hautes-Alpes*. *Gap*, à 674 kil.

32° Le Comtat Venaissin et le Comtat d'Avignon, réunis à la France en 1791, et cédés par le pape, ont formé le département de *Vaucluse*, chef-lieu *Avignon*, à 681 kil. de Paris.

33° La PROVENCE, réunie à la couronne sous Louis XI, par droit de succession, a servi à former les départements des

Basses-Alpes, ch.-l. *Digne,* à 762 kil. de Paris.
Bouches-du-Rhône. Marseille, à 785 kil.
Var. . . . . *Draguignan,* à 877 kil.

101. La CORSE, au sud-est de la France, nous a été cédée par les Génois en 1768, sous le règne de Louis XV. Elle forme un département, dont *Ajaccio* est le chef-lieu. Cette ville, patrie de Napoléon Bonaparte, est à 1120 kil. de Paris.

102. On compte en France 14 archevêchés et 66 évêchés, 27 cours royales, 27 académies universitaires, et 21 divisions militaires.

CHAPITRE XV.

Fleuves, Rivières et Canaux de la France.

103. La France est partagée naturellement en six bassins principaux, qui pren-

nent le nom de chacun des fleuves qui les traversent; ce sont, savoir :

1° *Le bassin du Rhône*, dont les principaux affluents sont la Saône, l'Ain, la Loire, l'Ardèche, la Drôme, la Durance, le Gardon et l'Isère.

2° *Le bassin du Rhin*, qui reçoit, entre autres, la Moselle, la Meurthe, la Sarre, l'Ille, etc.

3° *Le bassin de la Seine*, qui reçoit la Marne, l'Aube, l'Oise grossie de l'Aisne, l'Yonne et l'Eure.

4° *Le bassin de la Meuse*, dans laquelle se rendent la Sambre, l'Ourthe, etc.

5° *Le bassin de la Loire*, qui reçoit le Cher, l'Allier, la Vienne, la Creuse, la Mayenne.

6° *Le bassin de la Garonne*, que grossissent l'Ille, la Dordogne, la Vezère, le Lot, le Tarn, l'Ariége, la Bayse, etc.

104. Les principaux canaux de la France sont :

Le canal du Midi, ou du *Languedoc*, ou des *Deux-Mers*, qui existe depuis 1681; il joint la Méditerranée avec la Garonne à Toulouse, et par conséquent avec l'Océan ; sa longueur totale est de 244,092 mètres.

Le canal du Centre, entre la Saône et la Loire, a été ouvert en 1791 ; il a 116,812 mètres de long.

Le canal du Rhône au Rhin, ou *canal de Monsieur*, joint la Saône au Rhin par le Doubs, en traversant les départements de la Côte-d'Or, du Jura, du Doubs, du Haut et du Bas-Rhin ; il est ouvert depuis l'année 1806.

Le canal de Saint-Quentin, entre l'Oise et l'Escaut, a 93,380 mètres, dont 41,551 appartiennent au canal de Crozat.

Le canal de la Somme a son origine dans la partie méridionale du canal de Saint-Quentin, et s'étend jusqu'à la mer, à Saint-Valery-sur-Somme. Sa longueur est de 158,039 mètres.

Le canal de Briare joint la Loire au Loing, affluent de la Seine. Il a été ouvert en 1642. Sa longueur totale est de 55,301 mètres.

Le canal d'Orléans forme une seconde communication de la Loire avec le Loing ; il est ouvert depuis l'année 1692. Sa longueur est de 72,304 mètres.

Le canal de Bourgogne, entre la Saône et

l'Yonne, doit former une nouvelle jonction des deux mers, à travers le centre de la France : il aura 241,469 mètres.

Le canal de l'Ourcq, qui traverse les départements de la Seine et de Seine-et-Marne, amène à Paris une nappe d'eau considérable; sa longueur est de 96,000 mètres; il établit une communication directe entre la haute et la basse Seine.

105. De nombreux chemins de fer, qui sont en voie d'exécution, vont prochainement multiplier les moyens de communication entre toutes les parties de la France.

106. Les principales villes commerciales et industrielles sont Paris, sur la Seine; Lyon, au confluent du Rhône et de la Saône; Rouen, sur la Seine; le Hâvre, à l'embouchure de la Seine; Bordeaux, sur la Garonne, avec un port magnifique; Marseille; Lille, place forte; Nantes, sur la Loire; Strasbourg, près du Rhin.

107. Les principaux ports de France sont: 1° *Sur l'Océan :* Cherbourg, Brest, Lorient, Rochefort, principalement affectés à la marine de guerre; Dunkerque, Calais, Boulogne,

Dieppe, le Hâvre, Saint-Malo, Morlaix, Vannes, La Rochelle, Bayonne, Saint-Jean-de-Luz. 2° *Sur la Méditerranée :* Toulon, Port-Vendres, Collioure, Cette, Agde, Marseille, Fréjus, Antibes.

108. Les îles les plus remarquables situées sur les côtes de France sont :

1° *Dans l'Océan :* Les îles de *Rhé* et d'*Oléron*, l'*Ile-Dieu*, *Noirmoutier*, *Belle-Ile*, et les îles d'*Ouessant*. 2° *Dans la Méditerranée :* Les îles de *Lérins*, près d'Antibes, les îles d'*Hières*, et la *Corse*, qui forme à elle seule un département.

109. Les objets d'exportation sont les vins, les eaux-de-vie, les rubans, dentelles et articles de mode ; draps, soieries, toiles, tissus divers, papier, livres, meubles, orfévrerie, horlogerie, porcelaine, glaces, parfumerie, fruits, etc.

110. On compte en France 32,560,934 habitants, dont la majeure partie professe la religion catholique : la Charte accorde la liberté des cultes à toutes les autres religions.

111. Le gouvernement est une monarchie représentative ; le pouvoir législatif est entre

les mains d'une chambre des pairs nommés à vie par le Roi, et d'une chambre des députés choisis par des électeurs.

112. La France possède quelques colonies importantes hors de l'Europe ; savoir :

1° *En Asie,* Pondichéry, Mahé, Yanaon, Karikal et Chandernagor. Pondichéry est le siége du gouverneur général de toutes les possessions françaises en Asie.

2° *En Afrique :* L'état d'Alger, conquis en 1830 ; l'île Bourbon, remarquable par son étendue et sa population : elle produit du sucre, du café, de la cannelle, du girofle, des muscades, du cacao, etc. ; le fort Saint-Louis, Gorée, Dagana, Sainte-Marie-de-Madagascar.

3° *En Amérique, dans l'archipel des Antilles :* La Martinique, la Guadeloupe, la Désirade, Marie-Galante, les Saintes, une partie de Saint-Martin.

Dans le nord de l'Amérique, les îles Saint-Pierre et Miquelon. *Sur le continent américain,* une partie de la Guyane.

CHAPITRE XVI.

Contrée du Milieu.

La Confédération Suisse.

113. La confédération suisse est bornée au *nord* par le Rhin, le grand-duché de Bade, le royaume de Wurtemberg et la Bavière; à l'*est*, par le Tyrol et le royaume Lombardo-Vénitien ; au *sud*, par le même et par la Sardaigne ; à l'*ouest*, par la France.

114. Elle se divise en 22 cantons, dont voici les noms : Berne, Genève, Vaud, Neufchâtel, Bâle, Argovie, Zurich, Schaffhouse, Turgovie, Appenzell, Fribourg, Soleure, Lucerne, Zug, Schwitz, Uri, Underwald, Valais, Tessin, Glaris, Saint-Gall et les Grisons. La population ne s'élève pas au-delà de 1,980,000 habitants.

115. Les villes principales sont : Genève, Zurich, Berne, Lucerne et Bâle sur les bords du Rhin.

116. Le commerce d'exportation consiste en

bœufs, vaches et veaux, fromages, beurre, liqueurs, fruits secs, bois de construction, plantes médicinales, orfévrerie, étoffes de soie et dentelles.

117. Le gouvernement est fédéral, c'est-à-dire les 22 cantons se réunissent en confédération pour le maintien de l'indépendance et de la neutralité qui leur ont été assurées par les puissances européennes en 1815.

118. Il y a en Suisse un grand nombre de lacs ; les plus importants sont : les lacs de Constance, de Genève, le lac Majeur, les lacs de Lugano, de Neufchâtel, de Morat, de Bienne, de Zurich, de Lucerne, de Zug, de Wallenstadt, de Brienz, de Thun et de Sempach.

119. Les principaux fleuves qui arrosent la Suisse sont : le *Rhin* (45), le *Rhône* (47), le *Pô* (47) et le *Danube* (47).

120. La Suisse possède de nombreux canaux ; mais ils ont peu d'étendue.

CHAPITRE XVII.

Contrée du Milieu.

—

La Hollande.

121. La Hollande est bornée au *nord* et à l'*ouest* par la mer du Nord, à l'*est* par le Hanovre et la Prusse rhénane, et au *sud* par la Belgique.

122. Elle se compose : 1° des sept provinces qu'on appelait autrefois les Provinces-Unies, savoir : la Hollande, la Gueldre, la Zélande, l'Utrecht, la Frise, l'Over-Yssel et la Groningue ; 2° de la province de Drenthe ; 3° des *États-généraux* qui n'avaient point droit aux priviléges des Provinces-Unies ; ils comprenaient le Brabant septentrional, le district de Maëstricht et plusieurs autres districts, une partie du duché de Limbourg, une partie de la Gueldre supérieure, enfin une partie de la Flandre ; 4° de la moitié orientale du grand-duché de Luxembourg ; 5° d'une partie de l'ancien évêché souverain de Liége.

4.

123. La division territoriale est en 10 provinces subdivisées en districts et en cantons.

Voici les noms des provinces : Hollande septentrionale, Hollande méridionale, Zelande, Brabant septentrional, Utrecht, Gueldre, Over-Yssel, Drenthe, Groningue, Frise, Limbourg et Luxembourg. Cette dernière donne au roi le droit de figurer dans la confédération germanique.

124. La population est de 2,302,000 habitants.

125. La capitale de ce royaume est Amsterdam ; mais le roi et le gouvernement résident à Harlem. Les villes les plus importantes sont Rotterdam, Middelbourg, Flessingue, Briel, Dordrecht, Enkhuisen, Zierikzée, Groningue et Utrecht.

126. Les principaux fleuves qui arrosent ce pays sont : le Rhin (45), la Meuse (45) ; l'Escaut, qui a sa source en France dans le département de l'Aisne, traverse la Belgique et baigne le fort de Bath, au-delà duquel il se divise en deux branches, l'*occidentale* et l'*orientale*, lesquelles forment la plupart des îles

dont se compose la Zélande. Elles se jettent toutes deux dans la mer du Nord.

127. Il y a un grand nombre de canaux en Hollande ; nous nous bornerons à citer : le *canal du Nord*, qui joint le port d'Amsterdam à celui de New-Diex : c'est le plus bel ouvrage de ce genre que l'on connaisse ; le *canal de Zederik*, qui abrége considérablement le trajet d'Amsterdam à Cologne ; enfin le canal de *Zuid-Williems-Waart*, qui fait communiquer Bois-le-Duc avec Maëstricht.

128. La Hollande offre un grand nombre d'îles qui peuvent être rangées en deux groupes : celles qui sont formées par les divers bras de la Meuse et de l'Escaut, et celles qui sont situées à l'entrée du Zuyderzée et le long des côtes de la Frise. L'île de Walcheren est la plus considérable parmi les premières.

129. Les lacs sont également nombreux, mais ils ont peu d'étendue : celui de *Harlem*, qui est le plus considérable, prend le nom de *mer*.

130. Le gouvernement est constitutionnel; les habitants professent généralement la religion calviniste.

CHAPITRE XVIII.

Contrée du Milieu.

—

La Belgique.

131. La Belgique est bornée au *nord* par la Hollande, à l'*est* par le même royaume et la Prusse rhénane, au *sud* par la France et à *ouest* par la mer du Nord.

132. Elle est divisée administrativement en neuf provinces qu'on nomme : 1° *Brabant méridional*, chef-lieu : Bruxelles, capitale du royaume : 2° *Anvers*; 3° *Flandre orientale*, chef-lieu : Gand ; 4° *Flandre occidentale*, chef-lieu : Bruges ; 5° *Hainaut*, chef-lieu : Mons ; 6° *Namur*; 7° *Liége;* 8° *Limbourg*, chef-lieu : Hasselt; 9° *Luxembourg*.

133. Les principales villes sont, outre celles que nous avons déjà nommées, Anvers, Malines, Louvain, Ostende, Verviers, Ypres, Liége et Nieuport.

134. Le pays est arrosé :
1° Par l'*Escaut* qui traverse le Hainaut,

sépare la Flandre orientale de la province d'Anvers, baigne Tournai, Gand, Dendermonde, Anvers et le fort Lillo ; ses principaux affluents sont la Lys, la Dender et la Ruppel formée par la réunion de la Dyle et des Deux-Nèthes.

2° Par la *Meuse* (45) qui traverse les provinces de Namur, de Liége et de Limbourg. Ses principaux affluents sont l'Ourthe et la Sambre.

135. *Canaux*. Le *canal belge du Nord* réunit l'Escaut à la Meuse ; le *canal de Liége* joint la Meuse à la Moselle près de Trèves ; le *canal de Charleroi* à Bruxelles ; le *canal de Mons à Condé;* le *canal de Bruxelles* qui unit cette ville à Anvers ; le *canal de Terneuse* et celui d'*Ostende* qui joignent ces deux villes à Gand.

136. Le gouvernement est constitutionnel; la majeure partie des habitants professe la religion catholique : la population ne s'élève pas au-dessus de 3,816,000 âmes.

137. Les principaux articles de commerce consistent en dentelles, toiles, cotons imprimés, tapis, papiers, draps, faïences, coutellerie, armes, etc.

CHAPITRE XIX.

Contrée du Milieu.

Confédération Germanique.

138. La confédération germanique formait autrefois l'empire germanique. Son but est le maintien de la sûreté intérieure et extérieure de l'Allemagne, et de l'indépendance des états confédérés. Les affaires de la confédération sont dirigées par une diète fédérative ordinaire, présidée par l'Autriche.

139. La confédération est bornée au *nord* par la mer du Nord, le Danemarck et la mer Baltique; à l'*est* par les parties de la Prusse et de l'Autriche qui ne sont pas comprises dans les états confédérés; au *sud* par l'Autriche, la mer Adriatique et la Suisse.

140. Elle embrasse 31 états qui sont, savoir: 1° les provinces prussiennes du Brandebourg, de Poméranie, de Silésie, de Saxe, de Westphalie et du Rhin; 2° le royaume de Bavière; 3° le royaume de Wurtemberg;

4° le grand-duché de Bade; 5° les principautés de Hohenzollern-Hechingen et de Hohenzollern-Sigmaringen; 6° la principauté de Liechtenstein; 7° la Hesse électorale ou Hesse-Cassel; 8° le grand-duché de Hesse-Darmstadt; 9° le landgraviat de Hesse-Hombourg; 10° le duché de Nassau; 11° la principauté de Waldeck; 12° la principauté de Lippe-Detmold; 13° la principauté de Lippe-Schauenbourg; 14° la république de Francfort; 15° le duché de Brunswick; 16° le royaume de Hanovre; 17° le grand-duché d'Oldenbourg; 18° la seigneurie de Kniphausen; 19° la république de Brême; 20° la république de Hambourg; 21° la république de Lubeck; 22° les grands-duchés de Mecklembourg-Schwerin et Mecklembourg-Strelitz; 23° le royaume de Saxe; 24° le grand-duché de Saxe-Weimar; 25° le duché de Saxe-Cobourg-Gotha; 26° le duché de Saxe-Altenbourg; 27° le duché de Saxe-Meiningen-Hildbourghausen; 28° la principauté de Schwarzbourg-Rudolstadt; 29° la principauté de Schwarzbourg-Sonderhausen; 30° les principautés de Reuss-Greiz, Reuss-Schleiz et Reuss-Lobenstein-Ebersdorf; 31° les duchés d'Anhalt-Dessau, d'Anhalt-Bernbourg et d'Anhalt-Cœthen.

141. La population s'élève à 34,200,000 âmes.

142. Les principales forteresses de la confédération sont : Luxembourg, Mayence et Landau ; les places maritimes les plus importantes sont : Hambourg, Lubeck, Brême, Emden ; les villes les plus commerçantes de l'intérieur sont : Francfort, Leipzig, Augsbourg, Nuremberg, Brunswick, Hanovre, Cassel, Munich, Carlsruhe, Darmstadt, Weimar, Hanau, Stuttgardt, Gotha, Jéna, Dresde, Gœttingen. C'est à Francfort-sur-le-Mein que siège la diète et que résident les ambassadeurs des puissances étrangères.

143. La confédération germanique est arrosée par l'Elbe (45), le Weser (45), le Rhin (45), le Danube (47).

144. Elle offre, dans les branches dont elle se compose, presque toutes les nuances de gouvernement, depuis la démocratie jusqu'à l'autocratie.

CHAPITRE XX.

Contrée du Milieu.

La Prusse.

145. La Prusse se compose de deux parties distinctes et non contiguës : l'une, qui est au nord de l'Allemagne centrale, est bornée au *nord* par la mer Baltique et le Mecklembourg ; à l'*est*, par la Russie et la Pologne ; au *sud*, par la Pologne, l'empire d'Autriche et les possessions de la maison de Saxe ; à l'*ouest*, par le Hanovre et le duché de Brunswick. La seconde partie de la Prusse est bornée, au *nord*, par la Hollande et le Hanovre ; à l'*est*, par le Hanovre et par plusieurs petits états allemands ; au *sud*, par la France et par plusieurs états allemands.

146. Ce royaume est divisé en provinces, qui sont :

1° La *Prusse royale*, subdivisée en occidentale et orientale ; 2° le *grand-duché de Posen*, formé d'une partie de la Pologne ; 3° la *Prusse rhénane*, comprenant la Westphalie, Clèves, Berg, et le grand-duché du Bas-Rhin ; 4° la *Poméranie ;* 5° le *grand-duché de Brandebourg ;* 6° le *duché de Saxe*, et 7° celui de *Silésie ;* les cinq dernières font partie de la confédération germanique.

147. Les principales villes de la Prusse sont: *Berlin*, sur la Sprée, capitale du royaume ; *Dantzick*, une des villes les plus importantes de l'Europe par son commerce ; *Breslau*, capitale de la Silésie, entrepôt du commerce de ce duché ; *Cologne ; Francfort-sur-l'Oder; Magdebourg*, sur l'Elbe, capitale du duché de Saxe, et une des plus fortes places de l'Europe ; *Erfurt ; Aix-la-Chapelle*, qui était le siége de l'empire de Charlemagne ; *Coblentz*, au confluent du Rhin et de la Moselle; *Posen*, sur la Warta ; *Wezel, Thorn*, sur la Vistule ; *Munster*, capitale de la Westphalie, célèbre par le traité de paix de 1648 ; *Stettin*, capitale de la Poméranie prussienne, place forte ; *Stralsund*, capitale de l'ancienne Poméranie suédoise ; *Kœnisberg*, capitale de la

Prusse royale; *Trèves*, sur la Moselle, qui passe pour être la plus ancienne ville de l'Allemagne; *Hall*, qui possède une célèbre université; *Eylau*, *Friedland* et *Lutzen*, illustrées par les victoires des Français.

148. La Prusse est arrosée par le *Niémen* (44), la *Vistule* (44), l'*Oder* (44), l'*Elbe* (45), le *Weser* (45); l'*Ems*, qui prend sa source dans la *Westphalie*, traverse ce pays et arrose le Hanovre; le *Rhin* (45); la *Meuse* (45).

149. Les principaux canaux sont : le *canal de Bromberg*, qui joint l'Oder à la Vistule par la réunion de leurs affluents; le *canal de Finow* qui réunit l'Oder à l'Elbe par un affluent de celui-ci; le *canal de Plauen*, qui a le même effet; le *canal de Frédéric-Guillaume*, qui réunit l'Oder avec la Sprée.

150. On compte 12,464,000 habitants en Prusse; la majeure partie professe le luthéranisme. Le gouvernement est monarchique absolu.

151. Les manufactures de laine, de coton, de toile, de soie, les ouvrages en fer, en cuivre, la quincaillerie, les verreries, le bleu,

sont les principales branches de l'industrie prussienne.

CHAPITRE XXI.

Contrée du Milieu.

L'Autriche.

152. L'Autriche est bornée, au *nord*, par la Suisse, la Bavière, la Saxe, la Prusse et la Russie ; à l'*est*, par la Russie et la Turquie d'Europe ; au *sud*, par la Turquie ; à l'*ouest*, par la Sardaigne.

153. Cet empire se divise en trois sortes d'états : 1° ceux qui font partie de la Confédération germanique : ce sont, savoir : l'*Autriche propre*, le *Tyrol*, la *Styrie*, la *Carinthie*, la *Carniole*, et l'*Istrie autrichienne*; 2° ceux qui ne font pas partie de la Confédération : on les nomme le royaume de *Bohême*, la *Moravie*, la *Silésie autrichienne*, la *Gallitzie*, le royaume de *Hongrie*, l'*Esclavonie*, la *Croatie septentrionale*, le royaume d'*Illyrie*; 3° ceux qui font partie de l'Italie, savoir : le

gouvernement de *Milan* et le gouvernement de *Venise.*

154. Les principales villes de l'empire d'Autriche sont : *Vienne*, capitale, sur le Danube; *Lintz*, sur le Danube ; *Saltzbourg*, patrie de Charlemagne ; *Inspruck*, sur l'Inn ; *Trente*, sur l'Adige ; *Gratz*, qui possède une forte citadelle ; *Laybach* ; *Trieste*, port de mer, sur le golfe du même nom, formé par l'Adriatique ; *Prague*, capitale de la Bohême ; *Brunn*, capitale de la Moravie ; *Presbourg*, sur le Danube, capitale de la Hongrie ; *Peterwaradin*, sur le Danube, une des plus fortes places du monde ; *Wagram*, sur le Danube, illustrée par une grande victoire remportée par les Français sur les Autrichiens en 1809 ; *Carlstadt*, capitale de l'Illyrie.

155. L'empire d'Autriche est arrosé par l'*Elbe* (45) ; le *Rhin*, qui ne touche que l'extrémité occidentale du Tyrol (45) ; l'*Oder* (44), la *Vistule* (44), le *Danube* (47), le *Dniester* (47), le *Pô* (47) et l'*Adige* (47).

156. On y fabrique des draps, des étoffes de coton, des toiles, des ouvrages d'acier, de

verrerie, d'ébénisterie. Les objets d'exportation consistent en produits du règne minéral, étoffes, grains, vins, instruments de musique.

157. Le gouvernement est monarchique absolu. La population ne dépasse pas 32,000,000 d'habitants, dont la majorité professe le catholicisme.

CHAPITRE XXII.

Contrée du Sud.

L'Espagne.

158. L'Espagne est bornée, au *nord*, par l'océan Atlantique, par les Pyrénées qui la séparent de la France, et par la république d'Andorre ; à l'*est*, par la Méditerranée ; au *sud*, par la Méditerranée, le détroit de Gibraltar et l'océan Atlantique ; à l'*ouest*, par le Portugal et l'Océan.

159. Ce royaume est divisé en 48 provinces, savoir : *Cordoue, Jaen, Grenade, Almeria, Malaga, Séville, Cadix, Huelva, Saragosse, Huesca, Teruel, Oviédo, Madrid, Tolède, Ciudad-Réal, Cuença, Guadalaxara,*

Burgos, Valladolid, Palencia, Avila, Ségovie, Soria, Logrono, Santander, Barcelone, Tarragone, Lerida, Girone, Badajoz, Caceres, Corogne, Lugo, Orense, Pontevedra, Léon, Salamanque, Zamora, Murcie, Albacete, Valence, Alicante, Castellon de la Plana, Pampelune, Vittoria, Bilbao, Saint-Sébastien, îles Baléares.

160. Les principaux fleuves qui le baignent sont : 1° le *Minho* (46); 2° le *Tage* (46); 3° la *Guadiana* (46); 4° le *Guadalquivir* (46); 5° l'*Ebre* (47); 6° le *Guadalaviar*, qui prend sa source dans les montagnes d'Albarrazin, sous le nom de *Tur* ou *Turia*, traverse l'extrémité méridionale de l'Aragon et la partie moyenne de l'intendance de Valence, où il entre dans la Méditerranée, 7° la *Bidassoa*, qui prend sa source dans les Pyrénées, traverse la Navarre, et sépare la France de l'Espagne.

161. Les villes les plus importantes sont : *Madrid*, capitale de la monarchie; *Valladolid*, célèbre par son université; la *Corogne*, ville forte, avec un beau port; *Séville*, sur le Guadalquivir; *Cadix*, avec une rade im-

mense ; *Cordoue*, sur la rive droite du Guadalquivir ; *Grenade* sur le Duero ; *Malaga*, qui possède un très-beau port; *Valence*, sur le Guadalaviar, une des villes les plus industrieuses de l'Espagne ; *Barcelone*, la ville la plus commerçante de l'Espagne ; *Saragosse*, sur l'Èbre, prise par les Français, en 1808, après un siége mémorable.

162. La population n'excède pas 13,900,000 habitants, qui professent la religion catholique, et sont soumis à un gouvernement monarchique constitutionnel. L'industrie, qui y a été pendant longtemps très-arriérée, tend à se développer. Nous citerons parmi ses plus beaux produits les draps, les nankins, les toiles peintes, les toiles cirées, les dentelles, les tissus de soie, la soie filée, les glaces, la porcelaine, la faïence. Les principaux articles d'exportation sont les vins, les eaux-de-vie, les huiles, la laine, la soie, des fruits divers, etc.

163. L'Espagne, qui a possédé autrefois de riches colonies, a conservé quelques îles en Amérique, en Afrique et dans l'Océanie.

RÉPUBLIQUE D'ANDORRE.

164. Ce petit état, situé en Catalogne, sur

la partie méridionale des Pyrénées, entre Urgel en Espagne, et Foix en France, occupe la vallée d'Andorre; il est placé sous la protection du roi de France et de l'évêque d'Urgel. On y compte environ 2,000 habitants.

CHAPITRE XXIII.

Contrée du Sud.

Le Portugal.

165. Le Portugal est borné, au *nord* et à l'*est*, par l'Espagne ; au *sud* et à l'*ouest*, par l'Océan.

166. Il est arrosé par plusieurs fleuves, dont les plus grands sortent de l'Espagne : tous se jettent dans l'océan Atlantique. Les principaux sont : 1° le *Minho* (46); 2° le *Tage* (46); 3° la *Guadiana* (46); 4° le *Douro*, qui commence au nord de Soria, dans la Vieille-Castille, traverse cette province, le

royaume de Léon et le Portugal, et se jette dans l'océan Atlantique, après un cours de 400 kilom.; 5° le *Mondego*, qui a sa source dans la Sierra d'Estrella, en Portugal, traverse la Beira et les grandes plaines de Coimbre, et se jette dans l'océan Atlantique, à quelques kilomètres de Coimbre.

167. Suivant un décret adopté par les cortès en 1823, et qui sera mis à exécution aussitôt que les troubles qui agitent ce pays seront apaisés, le Portugal, avec les îles Açores et Madère, doit être partagé en 12 provinces divisées en 26 arrondissements, subdivisés en plusieurs cantons. Nous nous bornerons à donner les noms des provinces : 1° le *Haut-Minho*, 2° le *Bas-Minho*, 3° *Tras-os-Montes*, 4° *Haute-Beira*, 5° *Beira-Orientale*, 6° *Beira-Maritime*, 7° *Haute-Estramadure*, 8° *Basse-Estramadure*, 9° *Haut-Alem-Tejo*, 10° *Bas-Alem-Tejo*, 11° les *Algarves*, 12° l'*île de Madère*.

168. Les principales villes sont : *Lisbonne*, capitale du royaume, sur la rive droite du Tage, avec un beau port, *Coïmbre*, où réside la direction générale d'instruction pu-

blique ; *Porto*, bâtie près de l'embouchure du Douro, ville industrieuse et commerçante.

169. Les principaux articles sur lesquels s'exerce l'industrie sont : les armes, les draps, les étoffes de laine, les toiles peintes, la faïence, les ouvrages en ferblanc, les galons, les rubans, les pierres fines, la verrerie, la papeterie, les raffineries de sucre, les toiles, les tricots, la chapellerie, les vanneries, les soieries. On exporte des vins, des fruits, de l'huile, de la laine, du liége, etc.

170. La population du Portugal n'excède pas 3,530,000 habitants, qui professent la religion catholique, et sont soumis à un gouvernement constitutionnel.

171. Le Portugal a des possessions considérables en Asie, en Afrique, et dans l'Océanie.

CHAPITRE XXIV.

Contrée du Sud.

L'Italie.

172. L'Italie, considérée sous le rapport géographique, est une vaste péninsule ; elle est bornée, au *nord*, par les Alpes, qui la séparent de la France, de la Suisse et de l'Allemagne; à l'*est*, par l'Autriche, la mer Adriatique et la mer Ionienne ; au *sud*, par la Méditerranée et par les Alpes, qui séparent l'Italie de la France et de la Savoie.

173. La population de toute l'Italie s'élève à 21,400,000 habitants. Le gouvernement est monarchique absolu dans tous les états, excepté dans la république de Saint-Marin.

174. Elle est partagée en neuf états différents, qui sont, savoir :

1° *Le royaume de Sardaigne.* Ce royaume embrasse, outre l'île de Sardaigne, située dans la Méditerranée, des possessions au nord-ouest de l'Italie et du golfe de Gênes, bornées, au *nord*, par la Suisse ; à l'*est*, par le duché de Parme et le royaume Lombard-Vénitien ; au *sud*, par la Méditerranée ; à l'*ouest*, par la France.

Il se divise en 7 provinces principales : *l'île de Sardaigne*, le *duché de Savoie*, le *Piémont*, le *Mont-Ferrat*, le *Milanais-Sarde*, le *comté de Nice*, et le *duché de Gênes*.

Les villes principales sont : *Turin*, près du confluent de la Doria et du Pô, capitale du Piémont ; *Chambéry*, capitale de la Savoie ; *Casal*, sur le Pô, capitale du Mont-Ferrat ; *Alexandrie*, sur le Tanaro, capitale du Milanais-Sarde ; *Nice*, près de l'embouchure du Var, capitale du comté ; *Monaco*, capitale de la principauté de ce nom, petit port sur la Méditerranée ; *Gênes*, qui était, au XVIIe siècle, la capitale d'une république riche et puissante.

2° *Le royaume Lombard-Vénitien.* Ce royaume, qui relève de l'empire d'Autriche, est borné, au *nord*, par l'Allemagne et le pays des Grisons ; à l'*est*, par le royaume d'Illyrie ; au *sud*, par les duchés de Parme, de Modène, les états de l'Eglise et le golfe de Venise ; à l'*ouest*, par le Piémont.

Il est divisé en deux grands gouvernements, celui de Milan et celui de Venise.

Les villes principales sont : *Milan*, capitale du royaume Lombard-Vénitien ; *Pavie*, sur le Tésin, célèbre par la bataille où François Ier fut fait prisonnier ; *Marignan*, où ce même prince remporta une victoire éclatante sur les Suisses et le duc de Milan ; *Lodi*, *Mantoue*, places fortes ; *Vérone*, *Padoue*, *Venise*, une des plus belles villes du monde, et qui, au XIV° siècle, était un des plus puissants états de l'Europe.

3° *Les duchés de Parme*, *Plaisance et Guastalla*, situés au sud-est du Milanais.

4° *Le duché de Modène*, situé au sud-est des duchés de Parme et de Guastalla.

5° *Les duchés de Lucques* et de *Massa-Carrara*, situés au sud-ouest du duché de Modène.

6° *Le grand-duché de Toscane*, situé sur la côte de la Méditerranée, et traversé par les Apennins. Les principales villes sont *Florence* et *Pise*, sur l'Arno ; *Livourne*, un des plus beaux ports de la Méditerranée.

L'*île d'Elbe*, dans la Méditerranée, appartient à la Toscane.

7° *Les états de l'Eglise*, bornés, au *nord*, par le royaume Lombard-Vénitien ; à l'*est*, par la mer Adriatique ; au *sud*, par la même mer et le royaume de Naples, et à l'*ouest*, par les duchés de Modène et de Toscane et par la Méditerranée. Ils appartiennent au pape.

Les villes principales sont : *Rome*, sur le Tibre, capitale et résidence du souverain Pontife ; *Civita-Vecchia*, port commerçant sur la Méditerranée ; *Ostie*, port près de l'embouchure du Tibre ; *Ancône*, port sur l'Adriatique ; *Tivoli, Ferrare, Bologne et Ravenne*.

Le pape possède en outre, dans le royaume des Deux-Siciles, les duchés de *Ponte-Corvo* et de *Bénévent*.

8° La petite *république de Saint-Marin*, enclavée dans le duché d'Urbin, renferme 7,000 habitants.

9° Le *royaume des Deux-Siciles* est borné, au *nord-ouest*, par les états du pape ; au *nord-est* et à l'*est*, par la mer Adriatique ; au *sud* et à l'*ouest*, par la Méditerranée. Il se divise en quatre grandes provinces : l'*Abruzze*, au nord ; la *Terre de Labour*, sur la côte de la Méditerranée ; la *Pouille*, au sud-est de l'Abruzze, et la *Calabre*.

Les principales villes sont : *Naples*, capitale du royaume, sur le golfe du même nom; *Otrante*, à l'entrée de la mer Adriatique ; *Tarente*, sur le golfe du même nom.

175. La *Sicile* proprement dite, au sud-est de l'Italie, dont elle est séparée par le phare de Messine, a trois villes principales : *Palerme*, capitale du royaume, *Messine* et *Syracuse*.

176. L'*île de Malte*, située au sud de la Sicile, appartient aux Anglais.

CHAPITRE XXV.

Contrée du Sud.

La Turquie d'Europe.

177. La Turquie d'Europe est bornée au *nord* par la Russie et l'Autriche; à l'*est*, par le canal de Constantinople et la mer Noire ; au *sud*, par la Méditerranée, le détroit des Dardanelles, la mer de Marmara et la Grèce ;

à l'*ouest*, par le royaume d'Illyrie, la mer Adriatique et le canal d'Otrante.

178. Elle est divisée en huit provinces, qui sont : la Romélie, la Bosnie, la Macédoine, la Thessalie, la Bulgarie, l'Albanie, la Silistrie et les Djezayrs qui comprennent les îles de l'Archipel appartenant à la Turquie. La Valachie, la Moldavie et la Servie paient seulement un tribut annuel au sultan.

179. Les principales villes sont : *Constantinople*, capitale de l'empire turc ; *Gallipoli*, dans la presqu'île qui forme le détroit de ce nom ou des Dardanelles ; *Andrinople, Salonique, Larisse, Jassi*, capitale de la Moldavie ; *Bukharest, Sophie*, capitale de la Bulgarie ; *Choumla* ou *Schoumma*, ville très-forte ; *Belgrade*, capitale de la Servie ; *Janina, Scutari*, capitale de l'Albanie.

180. La Turquie possède, dans l'Archipel, un assez grand nombre d'îles, dont les principales sont : *Candie, Négrepont* et les *Cyclades*.

181. On compte 8,900,000 habitants en Turquie : le souverain, qui porte le titre de sultan, est un monarque absolu.

CHAPITRE XXVI.

Contrée du Sud.

La Grèce.

182. Le royaume de Grèce est borné, au *nord*, par la Turquie et l'Archipel; à l'*est*, par l'Archipel; au *sud*, par la Méditerranée; à l'*ouest*, par la mer Ionienne.

183. Cet état, nouvellement formé, est placé sous la protection de la France, de l'Angleterre et de la Russie, qui ont élu le roi. Il est divisé en dix provinces subdivisées en 46 heptarchies. Voici les noms des provinces : 1° l'*Argolide* : chef-lieu, *Nauplie*, capitale du royaume, 2° l'*Achaïe et l'Elide* : chef-lieu, *Patras*; 3° la *Messénie* : chef-lieu, *Arcadia de Triphylia*; 4° l'*Arcadie* : chef-lieu, *Tripolitza*; 5° la *Laconie* : chef-lieu, *Mistra*; 6° l'*Acarnanie* et l'*Etolie* : chef-lieu, *Vrachori*; 7° la *Locride* et la *Phocide* : chef-lieu, *Salona*; 8° l'*Attique* et la *Béotie* : chef-lieu, *Athènes*; 9° l'*Eubée*, ou l'*île Négrepont* :

chef-lieu, *Négrepont* ; 10₀ les *Cyclades* : chef-lieu, *Hermopolis*.

184. Les villes les plus remarquables, outre celles que nous venons de citer, sont : *Calamata, Modon, Pyrgos, Patras, Missolonghi, Syra, Naxie, Hydra* ; enfin, *Navarin, Poros,* et *Lépante*, toutes trois places fortes.

185. Le gouvernement est une monarchie constitutionnelle.

ILES IONIENNES.

186. La république des îles Ioniennes comprend sept îles principales situées sur la côte occidentale de la Grèce. Ces îles sont : *Cérigo* dans la mer de Candie ; *Corfou, Paxo, Sainte-Maure, Théaki, Céphalonie* et *Zante*, dans la mer Ionienne.

187. Le gouvernement, qui porte le nom de république, est sous le protectorat de l'Angleterre, qui a le droit d'occuper les places et de commander les troupes.

188. Les sept îles forment autant de petites provinces qui ont leurs administrations locales. *Corfou* est la capitale de la république.

CHAPITRE XXVII.

Ancien Continent.

L'Asie.

189. L'Asie est bornée au *nord* par l'océan Glacial ; à l'*est*, par le grand Océan et la mer ou détroit de Behring qui la sépare de l'Amérique ; au *sud*, par l'océan Indien ou mer des Indes ; à l'*ouest*, par la mer Rouge, l'isthme de Suez qui la joint à l'Afrique, l'Archipel, la mer Noire, les monts Caucase, la mer Caspienne, le fleuve Oural et les monts Ourals qui la séparent de l'Europe.

190. C'est la masse continentale la plus considérable du globe ; elle a 760 myriamètres du nord au sud, et environ 770 myriamètres de l'est à l'ouest ; mais elle renferme de vastes déserts. Elle est traversée, de l'est à l'ouest, par deux grandes chaînes de montagnes qui la divisent en trois parties distinctes. La partie du nord est habitée par des peuplades telles que celles des Lapons, des Samoïèdes, des Kamtschatkadals, etc. La

partie renfermée entre les deux chaînes est habitée par les Tartares ; enfin la partie située au sud est peuplée par les Indiens, les Persans, les Turcs et les Arabes.

191. L'Asie se divise en deux grandes régions : 1° l'*Asie ottomane* ou *Turquie d'Asie;* 2° *l'Arabie*, subdivisée en plusieurs états; 3° la *Perse;* 4° le *Turkestan* indépendant ; 5° l'*Inde;* 6° l'*Inde Transgangétique;* 7° la *Chine;* 8° le *Japon;* 9° l'*Asie russe.*

192. Des souvenirs imposants se rattachent à la première de ces régions. C'est en effet dans la Turquie d'Asie et dans la contrée arrosée par le Tigre et l'Euphrate que nos livres saints placent le berceau du genre humain : on y voit encore les débris de la tour de *Babel* devenue le repaire des bêtes sauvages, suivant la prédiction du prophète Isaïe. Dans les environs de *Jérusalem*, on visite *Bethléem*, petite ville ou plutôt gros village, où le Sauveur vint au monde ; le mont Olivet couvert en partie par des oliviers ; le village de *Béthanie* où la tradition commune reconnaît la maison de Lazare, son tombeau, la maison de Simon le lépreux, celle de Marie-Made-

leine et de Marthe. La vallée de *Josaphat,* située entre le mont Olivet et une des collines sur laquelle est bâtie Jérusalem, sert encore de cimetière aux Juifs comme à leurs ancêtres. La vallée de *Jéricho,* si vantée par les anciens pour sa fertilité, est aujourd'hui d'une aridité affreuse.

193. La culture de l'Asie est riche et variée ; on y trouve les minéraux les plus précieux. Parmi les nombreuses variétés d'animaux qu'on y rencontre nous citerons : le cheval et l'âne sauvages, le renne, l'élan, le chameau, l'éléphant, le rhinocéros, l'antilope, le tigre, le lion, la panthère, le musc, la gazelle, le singe, le paon, le faisan, le perroquet ; l'Asie nourrit aussi les plus grands reptiles du monde.

CHAPITRE XXVIII.

Ancien Continent.

—

L'Afrique.

194. L'Afrique est une immense presqu'île, longue de 720 myriamètres, large de 660, qui offre de vastes déserts brûlés par le soleil, et quelques pays fertiles situés sur les côtes. L'intérieur de cette partie du monde est peu connu.

195. Elle est bornée, au *nord*, par la Méditerranée et le détroit de Gibraltar qui la séparent de l'Europe ; à l'*est* par la mer Rouge, qui la sépare de l'Asie, le détroit de Bab-el-Mandeb et la mer des Indes ; au *sud* et à l'*ouest*, par l'océan Atlantique ; elle tient à l'Asie par l'isthme de Suez.

196. Les états dont elle se compose sont : les *états Barbaresques* (Alger, appartenant à la France), Maroc, Tunis, Tripoli, la *Sénégambie*, le *Soudan*, l'*Égypte*, la *Nubie*, l'*Abyssinie*, la *Guinée*, le pays des *Hottentots*,

le gouvernement du *cap de Bonne-Espérance*, le *Mozambique*, le royaume *de Changamera*.

197. Les villes les plus importantes de l'Afrique, pour le commerce, sont : *Fez*, *Maroc*, *Mogador*, et *Tanger*, dans l'empire de Maroc; *Alger*, dans l'Afrique française; *Tunis* et *Tripoli*, dans les états de ce nom; le *Caire*, *Alexandrie*, dans l'Afrique ottomane ; *Tombouctou*, dans la Nigritie centrale occidentale; *Saint-Louis* (Sénégal) et *Saint-Denis* (île Bourbon), toutes deux appartenant à la France; le *Cap* et le *Port-Louis*, appartenant aux Anglais; *Santa-Cruz*, aux Espagnols, etc.

198. Les déserts sont habités par des animaux féroces tels que le lion, la panthère, l'hyène, le rhinocéros, le crocodile, les serpents; on y rencontre aussi le zèbre, la girafe, l'éléphant, la gazelle, l'autruche, le perroquet.

199. La population est évaluée à 60,000,000 d'habitants.

CHAPITRE XXIX.

Nouveau Continent.

L'Amérique.

200. L'Amérique est divisée, par la nature de sa forme, en deux grandes presqu'îles qui sont réunies par l'isthme de Panama : on les appelle *Amérique septentrionale* et *Amérique méridionale*.

201. Elle est bornée, au *nord*, par l'océan Glacial ; à l'*est*, par l'océan Atlantique ; au *sud*, par l'océan Austral ; et à l'*ouest*, par le grand Océan.

202. L'Amérique septentrionale est partagée en six grandes contrées, que l'on nomme : le *Groënland*, la *Nouvelle-Bretagne*, la *Russie-Américaine*, les *États-Unis*, le *Mexique*, les *États-Unis de l'Amérique centrale*.

203. L'Amérique méridionale se compose de dix grandes contrées, qui sont : les républiques de *Colombie*, du *Pérou*, de *Bolivia*, du *Chili*, de l'*Uruguay*, le *Paraguay*, la con-

fédération du *Rio de la Plata*, le *Brésil*, la *Guyane* et la *Patagonie*.

204. Les principales villes sont : *Bogota*, capitale de la Colombie ; *Lima*, capitale du Pérou ; la *Plata*, capitale du Haut-Pérou ; *Santiago*, capitale du Chili ; *Buenos-Ayres*, capitale du Rio de la Plata ; *Monte-Video*, capitale de l'Uruguay ; *Rio de Janeiro*, capitale du Brésil.

205. L'Amérique est riche en minéraux de toute espèce ; le commerce y est très-actif. Les principaux objets d'exportation sont : les pelleteries, le bois, le goudron, le chanvre, les grains, les bois de teinture, le sucre, le café, les cuirs, etc., etc.

CHAPITRE XXX.

Continent Austral.

Océanie.

206. On comprend sous ce nom, ou sous celui de *Monde maritime*, la totalité des îles situées au sud de l'Asie, avec la Nouvelle-

Hollande, et toutes les îles dispersées dans le grand Océan.

207. Les bornes de l'Océanie sont, au *nord*, l'océan Indien, le détroit de Malacca, la mer de la Chine, l'île de Formose, et le grand Océan ; à l'*est*, le grand Océan qui sépare l'Océanie de l'Amérique ; au *sud*, encore le grand Océan ; à *l'ouest*, l'océan Indien.

208. Elle se compose d'un petit continent qu'on nomme *Australie*, et de plusieurs groupes d'îles. La population totale est évaluée à 20,300,000 habitants.

209. On la divise en 4 grandes parties, savoir : 1° au nord-ouest, la *Malaisie*, qui comprend les îles de la Sonde, les Molluques, et les Philippines; 2° au nord, la *Micronésie*, qui renferme le groupe de King's mill, les îles Gilbert, les îles Marshall, ou îles Radak et Ralick, les Carolines, les Mariannes, et les îles Pelew ; 3° au sud, la *Mélanésie*, qui renferme la Nouvelle-Hollande ou Australie, l'île de Van Diémen ou Tasmanie, la Nouvelle-Guinée, les îles de la Louisiade, de la Nouvelle-Bretagne, de la Nouvelle-Irlande, l'archipel de Salomon, celui de Santa-Crux, du

Saint-Esprit, les îles Loyalty, la Nouvelle-Calédonie, l'archipel de Viti; 4° à l'est, la *Polynésie*, qui comprend les îles Sandwich, les Marquises, l'archipel Dangereux, les îles de la Société ou Taiti, les îles des Navigateurs, celles des Amis, et les grandes îles de la Nouvelle-Zélande.

210. Les productions de l'Océanie consistent en riz, maïs, canne à sucre, épiceries diverses; cocotiers, bananiers, arbres à pain, etc. On y élève des poules, des pigeons, des cochons, etc.

211. Dans les îles de la Malaisie on rencontre à peu près tous les animaux du sud de l'Asie.

212. Les objets de commerce sont, indépendamment des produits dont nous avons parlé ci-dessus, l'étain, l'or, les diamants, les perles, l'ivoire, le bois de sandal, l'indigo, le coton, le tabac, le camphre, l'ambre gris, le charbon de terre, les chevaux, les fourrures, la laine, l'huile de baleine, les écailles de tortue, les bambous, etc.

FIN.

QUESTIONS.

Qu'est-ce que la géographie ?
Qu'est-ce que la géographie astronomique ?
Qu'est-ce que la géographie physique ?
Qu'est-ce que la géographie politique ?
En combien de parties divise-t-on la terre ?
Qu'est-ce qu'un continent ?
De combien de parties se compose l'ancien continent ?
A qui doit-on la découverte du Nouveau-Monde ?
Qu'est-ce qu'une île ?
Qu'est-ce qu'une presqu'île ?
Qu'est-ce qu'un isthme ?
Qu'est-ce qu'une côte ?
Qu'est-ce qu'un cap ?
Qu'est-ce qu'une montagne ?
Qu'est-ce qu'un volcan ?
Quelle étendue du globe occupent les eaux ?
Combien y a-t-il de mers extérieures, et comment les appelle-t-on ?
A quelles parties du globe appartiennent les mers intérieures ?
Qu'est-ce qu'un golfe ?
Qu'est-ce qu'une baie ?
Qu'est-ce qu'une anse ?
Qu'est-ce qu'une rade ?
Qu'est-ce qu'un détroit ?

Qu'est-ce qu'un lac?
Qu'est-ce qu'un fleuve?
Qu'est-ce qu'une rivière?
Qu'est-ce qu'un torrent?
Qu'est-ce qu'un gouffre?
Quelles sont les bornes de l'Europe?
L'Europe est-elle la plus grande ou la plus petite des cinq parties du monde?
Quelle est son étendue et sa population?
Quelles sont les mers de l'Europe?
Comment nomme-t-on la mer qui baigne la Russie et la Norwége?
Comment s'appelle la mer qui sépare l'Europe et l'Afrique de l'Amérique?
Quel nom a-t-on donné à la mer qui baigne les côtes de l'Espagne, de la France, de l'Italie, de la Grèce, d'une partie de l'Asie et de l'Afrique?
Comment se nomment les détroits par lesquels la mer Baltique communique avec l'océan Atlantique?
Avec quelle mer communique la mer d'Azov?
Comment appelle-t-on le détroit qui établit cette communication?
Quels sont les golfes formés par la mer Baltique?
Quels sont les golfes formés par la mer d'Allemagne?
Quels sont les golfes formés par la Méditerranée?
Quels sont les golfes formés par la mer Ionienne?
Quel est le golfe formé par la mer Adriatique?
Quels sont les golfes formés par l'Archipel?
Quelle est la baie formée par la Manche?
Quelle est la baie formée par l'océan Atlantique?

Quels sont les principaux détroits en Europe?

Comment s'appelle le détroit qui sépare la France de l'Angleterre?

Quels sont les principaux fleuves de l'Europe?

A quelles mers appartiennent-ils?

Quelles contrées arrosent-ils?

Quelles sont les principales rivières de l'Europe?

Indiquez leur source, leur embouchure, les pays qu'elles traversent.

Quelles sont les principaux lacs en Europe?

Quelles sont les principales îles dans l'océan Atlantique et ses branches?

— Dans la Méditerranée et ses branches?

— Dans la mer Baltique?

— Dans la mer Glaciale et ses branches?

Quelles sont les grandes presqu'îles en Europe?

Quels sont les principaux caps en Europe?

— Dans l'Océan Atlantique et ses branches?

— Dans la Méditerranée et ses branches?

— Dans la mer Baltique?

Quelles sont les principales chaînes de montagnes de l'Europe?

Qu'est-ce que les glaciers?

Qu'est-ce que les avalanches?

Quels sont les principaux volcans de l'Europe?

En combien de parties se divise l'Europe?

Quelles sont les bornes de l'Angleterre?

Quelle est son étendue? sa population?

En combien de parties se divise ce pays?

Quelles sont les principales villes?

Quelles sont les principales rivières?

Indiquer la source et l'embouchure de ces rivières.

Quels sont les principaux canaux de l'Angleterre?

Quelles sont les communications qu'établissent ces canaux?

Quelle est la forme du gouvernement en Angleterre?

Quels sont les cultes professés dans ce pays?

Quelles sont les bornes du Danemarck?

— Sa division administrative? Sa population? la religion qu'on y professe?

Quelle est la religion de ce pays?

Quels sont les principaux articles de commerce?

Quelles sont les bornes de la Suède et de la Norwége?

Quelle est la forme du gouvernement?

Quelles sont les bornes de la Russie d'Europe?

Comment se divise cet empire?

Quels sont les principaux ports de la Russie?

Quelle est la religion des habitants et la forme du gouvernement?

Quels sont les principaux objets de l'exportation?

Quelles sont les bornes de la France?

Quelle est l'étendue de cette contrée?

Comment la France était-elle divisée autrefois?

Comment la divise-t-on aujourd'hui?

Donnez les noms des anciennes provinces.

— Des départemens qu'elles ont formés.

Nommez les chefs-lieux de chaque département.

Indiquez l'époque de la réunion de chaque province à la France.

A quelle province se réduisait, dans le principe, le domaine de la couronne?

Sous quel règne l'Alsace a-t-elle été réunie à la France?

Combien compte-t-on d'archevêchés et d'évêchés en France?

Combien y a-t-il de divisions militaires?

— D'académies universitaires?

En combien de bassins peut-on diviser la France?

Quels sont les principaux canaux de la France?

Quelles communications établissent-ils?

Quelles sont les principales villes de France?

Quels sont les principaux ports de France?

Quelles sont les principales îles sur les côtes de la France, dans l'Océan, dans la Méditerranée?

Quels sont les objets d'exportation?

Combien compte-t-on d'habitants en France?

Quelle est la religion de la majorité?

Quelle est la forme du gouvernement?

Dans quelle partie du monde la France possède-t-elle des colonies?

Quelles sont ses possessions en Asie, en Afrique, en Amérique?

Quelle est la forme du gouvernement en Suisse?

Qu'entend-on par gouvernement fédéral?

Quels sont les principaux articles du commerce en Belgique?

Quel est le but de la Confédération germanique?

Combien cette confédération embrasse-t-elle d'états?

Quelles sont les principales forteresses de la Confédération?

Quelle particularité offrent les états de la confédération, quant à la forme du gouvernement?

Quelles sont les principales branches de l'industrie en Prusse ?

Où est située la république d'Andorre ?

Quelle est sa population ?

Quelle particularité offre l'Asie, quant à son étendue ?

Dans quelle partie du monde les livres saints placent-ils le berceau du genre humain ?

Quelle est la forme géographique de l'Afrique ?

Quelle est la forme géographique de l'Amérique ?

Comment sont réunies les deux parties de l'Amérique ?

Qu'entend-on par le monde maritime ?

———

Nota. Les questions qui précèdent peuvent s'appliquer successivement aux divers chapitres de ce volume : nous nous dispenserons donc d'une répétition inutile. Il sera facile, d'ailleurs, de les multiplier au moyen de légères modifications selon les paragraphes sur lesquels l'Instituteur se proposera d'interroger ses Élèves.

TABLE.

	Pages.
CHAPITRE PRÉLIMINAIRE..................	3
CHAP. I. Définition de la terre. De l'eau......	4
CHAP. II. Ancien continent de l'Europe.......	9
CHAP. III. Golfes, baies et détroits remarquables dans les mers d'Europe................	11
CHAP. IV. Principaux fleuves de l'Europe; leur source, leur embouchure et leurs affluents...	14
CHAP. V. Principales rivières de l'Europe.....	25
CHAP. VI. Principaux lacs en Europe.........	30
CHAP. VII. Principales îles et presqu'îles en Europe...............................	31
CHAP. VIII. Principaux caps en Europe........	34
CHAP. IX. Montagnes et volcans en Europe....	35
CHAP. X. Divisions de l'Europe. Les îles Britanniques................................	37
CHAP. XI. Le Danemarck.................	44
CHAP. XII. La Suède et la Norwége..........	45
CHAP. XIII. La Russie d'Europe.............	47
CHAP. XIV. La France....................	49
CHAP. XV. Fleuves, rivières et canaux de la France.............................	57
CHAP. XVI. La Confédération suisse..........	63

	Pages.
Chap. XVII. La Hollande	65
Chap. XVIII. La Belgique	68
Chap. XIX. La Confédération germanique	70
Chap. XX. La Prusse	73
Chap. XXI. L'Autriche	76
Chap. XXII. L'Espagne	78
Chap. XXIII. Le Portugal	81
Chap. XXIV. L'Italie	84
Chap. XXV. La Turquie d'Europe	88
Chap. XXVI. La Grèce	90
Les îles Ioniennes	91
Chap XXVII. L'Asie	92
Chap. XXVIII. L'Afrique	95
Chap. XXIX. Nouveau continent. L'Amérique	97
Chap. XXX. Continent austral. L'Océanie	98
Questions	101

FIN DE LA TABLE.

Paris, imprimerie d'Isidore Saintin, rue Saint-Jacques, 38.

www.ingramcontent.com/pod-product-compliance
Lightning Source LLC
Chambersburg PA
CBHW070245100426
42743CB00011B/2139